WEALTH MANAGEMENT FOR CHINA'S NEW ELITE

理财的智慧

世界级专家为中国新精英量身定制的理财指南

蒂姆·柯祺(Tim Kochis)　张蓓 / 著

上海财经大学出版社

图书在版编目(CIP)数据

理财的智慧:世界级专家为中国新精英量身定制的理财指南/(美)蒂姆·柯祺,张蓓著.—上海:上海财经大学出版社,2016.1
ISBN 978-7-5642-2349-6/F·2349

Ⅰ.①理… Ⅱ.①柯… ②张… Ⅲ.①私人投资-基本知识
Ⅳ.①F830.59

中国版本图书馆 CIP 数据核字(2016)第 010657 号

□ 责任编辑　张美芳
□ 书籍设计　杨雪婷

LICAI DE ZHIHUI
理财的智慧
——世界级专家为中国新精英量身定制的理财指南
蒂姆·柯祺(Tim Kochis)　张　蓓　著

上海财经大学出版社出版发行
(上海市武东路 321 号乙　邮编 200434)
网　　址:http://www.sufep.com
电子邮箱:webmaster @ sufep.com
全国新华书店经销
上海华业装璜印刷厂印刷装订
2016 年 1 月第 1 版　2016 年 1 月第 1 次印刷

710mm×1000mm　1/16　13.5 印张　174 千字
印数:0 001—4 000　定价:36.00 元

序

在过去十几年里,中国居民的财富迅速增长,促进了理财市场的飞速发展。在这个过程中,理财的产品和工具不断丰富,公众的理财意识不断增强,但对于如何科学地理财存在诸多误解,也缺乏比较有深度并且适合大众的书籍,直到蒂姆·柯祺(Tim Kochis)先生请我写序,我才看到《理财的智慧》这本书。

我与蒂姆·柯祺先生的相识缘于金融理财,尤其是国际金融理财师(CFP)®资格认证在中国的发展。2008年10月,国际金融理财标准委员会(中国)(FPSB China)组织了一个代表团参加美国金融理财协会(FPA)年会,并拜访了蒂姆先生位于旧金山的Aspiriant公司总部。当时Aspiriant管理的金融资产达到70亿美元,是美国最大的独立理财机构之一。从那时起,我们保持着非常良好的交流,共同探讨金融理财的相关问题。蒂姆先生对中国理财行业的发展充满了热情,也是一位非常了解中国理财市场的美国专家。这本书是他与行为经济学家张蓓通力合作的精品,为中国的理财专业人士和社会大众提出了非常有价值和前瞻性的观点与方法,起名为"理财的智慧"名副其实。

与大多数理财书不同,《理财的智慧》从研究个人投资者的行为出发,首先帮助大家认识到自己的不足,尤其是妨碍人们投资决策的行为偏误,这构成了本书的第一部分。传统的西方经济学中,人被假设成理性的,既不会感情用事,也不会盲从,而是精于判断和计算,能够合理地利用有限的资源为自己取得最大的效用。然而,许多行为科学的心理实验却表明,人的选择行为在现实中常常背离"理性人"的假设,反映出非理性的一面。在这部分,作者用了七章的篇幅,结合理财的具体案例,详细分析了"非理性人"的各种行为偏差,包括心理账户、过于自信、自利偏误、代表性偏误、框架效应、羊群效应等。大家未必熟悉这些专业术语,但它们却是人们与生俱来的特性,不仅难以察觉,而且深深地影响到每个人的投资决策和理财行为,从而妨碍了理财目标的达成。在当前中国的理财市场上,上述现象比比皆是,甚至更加严重,结果人们不仅没有达到财富保值增值的效果,反而遭受更大的损失。

为了解决人的非理性给理财带来的困扰,作者在本书的第二部分提出了一套系统的方法,涉及理财的各个方面,这是发达国家理财行业过去几十年理论与实践的总结与精华。这一部分共十章,从设定个人的理财目标开始,详尽阐述了理财规划的各个部分,包括现金管理、投资规划、税务规划、债务管理、退休规划、风险管理、跨境规划、家庭综合规划等内容。其中一个非常重要的方法就是"规划",这是一个规避人的非理性行为的有效手段。这套方法历经发达国家数十年的经济发展,穿越了多个经济周期,依然具有强大的生命力,可以为中国的个人理财提供良好借鉴。

当然,由于中国国情的不同,包括法律、税收、医疗、福利政策等的差异,具体的规划方法会有所差别。但随着中国改革开放的不断深入,中国经济越来越融入全球市场,理财的国际化是大势所趋。随着中国与发达国家的差距不断缩小,发达国家的经验就具有越发重要的参考意义。希望《理财的智慧》不仅能够给大家带来知识和思考,而且能够带来理财的收益和实惠。

薛 宏
国际金融理财标准委员会(中国) 董事长
2015 年 11 月 16 日

自序：为中国新精英写一本理财书

《华尔街日报》2014年8月16～17日周末特刊摘要：孙女士因为6岁女儿的哮喘病来到旧金山给女儿挑选学校和房产，她之后还会回到中国。一位在中国有过自己生意的大学教授准备退休到美国养老，并和在美国留学工作的两个孩子团聚。李燮（音）女士，一位北京电信公司经理，送13岁的儿子到弗吉尼亚的寄宿家庭生活六周，希望孩子能在高中时到美国留学继而升入美国名校。

《华尔街日报》2014年9月18日数码（Digits）版摘要：在当日阿里巴巴于纽约证券交易所的IPO中，一共有超过5 000名现任或前任普通员工售出股票，累计金额超过十亿美元。这意味着一夜之间会涌现出数千位拥有超过千万元人民币现金的富翁。

路透社香港2015年10月13日报道摘要：投行瑞信发表的最新全球财富报告显示，中国取代日本成为全球第二富裕国家，仅次于美国；以中产阶级人数（拥有5万至50万美元财富的成年人）计，中国为全球之冠，达1.09亿人。中产阶级财富范围增长330%至2015年的7.3万亿美元，占全国财富的32%。

见微知著，从这几则小片段，我们看到，在这个全球化的时代，世界经济体中最引人注目的财富新精英无疑来自中国。中国正以让人惊叹的速度创造着财富。而在中国先富起来的一群新精英的消费、子女教育、退休及保健已经在走向国际化的道路上，而且步伐越来越快。随着人民币国际地位的上升，政府有信心和决心进一步开放个人对外投资，给人民群众在全球分散投资风险提供更多渠道。

无独有偶,胡润研究院和合作伙伴 2014 年发布的《中国高净值人士[①]白皮书》给中国的高净值人士勾勒了一个生动的轮廓:"约 290 万人,投资回报和企业所有权/出售是两大财富来源;房地产是最常见投资选择,股票第二,但他们也开始积极寻找新的投资标的;平均年龄为 38 岁,超过半数集中在 31~45 岁,男性占 6 成;44%拥有硕士以上或 EMBA 学历;最想拥有的是健康;1 000万资产以上的高净值人群 7 成以上计划将孩子送到国外留学,伴随海外教育的风潮,海外置业的趋势也已明朗化;已经移民或正在申请移民的达到 64%之多,美国仍是首选;一些已经移民国外,但仍旧生活在国内,投资在国内;32%认为在海外投资时主要面临的问题是投资理财的知识不够;阅读(81%)是普遍认同的提升自我的方式,新闻和财经是最受青睐的内容,培训(70%)是第二大主流自我教育方式……"

鼎足而三,福布斯中文版和宜信财富 2014 年发布的对中国大众富裕阶层[②]的调查让我们了解了一批已基本实现"中国梦"的中产阶层和高端人士:"人数达到 1 197万人,主要从事金融、贸易及制造业,财富来源主要是工资奖金、企业分红和金融产品投资;30~50 岁的人群占 6 成,其中占比 34%为 30~39 岁的人群;男女比例分别为 55%和 45%;拥有本科学历的占54%,硕士及以上学历的也有将近 10%;家庭与财富是影响幸福感的前两大因素;70%有将子女送出国接受教育的打算,首选北美;17%表示打算移民;青睐的三大投资品种为银行理财产品(81%)、房地产(55%)和股票(38%);86%表示没有境外资产;76%认为自己对投资不甚了解;86%表示需要理财机构的服务……"

作为在当代中国社会中新出现的群体,先富起来的中国新精英们无疑

---

① 根据胡润研究报告的定义,指个人资产 600 万元人民币以上的人群,资产包括可投资资产、未上市公司股权、自住房产和艺术品收藏。

② 指拥有 60 万元人民币至 600 万元人民币之间的个人可投资资产的人群。将私人财富中流动性较差的收藏品、消费耐用品和自住房地产剔除,称为个人可投资资产。

是一个吸引眼球的社会阶层。国内外媒体的聚光灯不时照到他们的身上，想对他们的偏好、趣味、理想和烦恼一探究竟。而他们自己也何尝不想更多地了解自己？对于中国新精英来讲，财富的短期积累可能相对简单，但对财富的长期管理却没有头绪；财富增加后，生活方式的期望和日常消费的习惯随之变化，对财富管理实践的要求越来越高，对全球资产配置的需要也日渐凸显，但是他们周围却并没什么现成的经验可以参考；更糟糕的是，由于专业的不同，或者由于忙碌的工作生活而无暇兼顾，他们可能被广泛流传的一些错误理财迷思所误导，甚至被无良的冒牌专家所欺骗。

尽管这群人意识到自身投资理财知识的欠缺，并倾向于用阅读和培训提高自己，但我们发现还没有专为他们写的、内容比较有深度、理念比较成熟，并且涵盖比较全面的理财书籍或培训教材。还没有一本书能作为他们投资理财方面的助手，帮助他们认识相关的困难与陷阱，给他们提供富含理财智慧的实际解决方案。也许这和整个中国财富管理行业的发展阶段有关：毕竟这个行业是随着中国富裕阶层的出现而发展起来的，只有短短十年历史。作为深谙国际财富管理而又深度了解中国的专业人士，我们想尝试来写这样一本书。我们的专业训练涵盖金融、经济、管理和法律，而且我们的教育背景包括数学、哲学、社会学和心理学，可以说涉及财富管理相关的人文内涵和技术框架的方方面面。我们中的一位在 40 年职业生涯中兢业服务于全球富裕人士，希望和大家分享一些日积月累的理财智慧。我们中的另一位在 14 年的学术生涯中潜心研究中国个人投资者，希望给大家提供一些理论背景和认识角度。我们认为不仅个人投资者，而且理财专业人士也可以从本书中受益。这本书还可以用作财富管理相关培训的教材。

但是这并不是一本教人快速致富的秘籍。事实上，这世上也不存在什么一夜暴富的法宝。这本书写给在崛起的中国已经幸运地积累了一定资产的，或者有信心努力累积一定资产的人们；写给那些想系统地学习理财知识来实现财产的保值和增值，从而长远实现财富自由的人们。在这里，我们把他们统称为中国的新精英，这是一本写给他们的理财书。

蒂姆·柯祺小传

2012 年,蒂姆·柯祺先生创立了柯祺寰球。柯祺寰球致力于培育发展中国家的财富管理和投资规划服务,中国以及其他亚洲的高增长市场更是其重中之重。其使命是帮助现有的独立(第三方)财富管理公司完善它们的商业策略和长期股权以及管理传承计划;并且站在综观全球的高度,帮助发中国家金融市场中的企业和个人迅速学习以及参考、效仿那些发达市场中的成功案例。

蒂姆在个人金融和投资规划领域有超过 40 年的实践经验。从 1973 年起,他一直为特选的一群美国本土及境外的高管、专业人士和企业主服务。在成立柯祺寰球之前,蒂姆担任过美国第三大独立理财公司 Aspiriant 的首席执行官和董事会主席。蒂姆也是 Aspiriant 公司的前身之一 ——柯祺寰球财富管理公司的创立者之一。1981～1985 年,蒂姆曾任全美第二大银行——美国银行的个人金融理财部门的全美总监。1985～1991 年,蒂姆曾任世界四大会计师事务所之一 ——德勤会计师事务所(Deloitte & Touche)的个人金融理财部门的全美总监。

长期以来,蒂姆被投资理财界推崇为"影响行业的旗手"。对金融理财行业在全球的发展起着举足轻重的作用。他的成功经验包括:组建和领导一个全美领先的独立理财机构,为金融机构或者金融教育机构提供专业服务。他还是全球金融理财界和投资相关论坛争相邀请的撰稿人及演讲者。

蒂姆目前刚从他在国际金融理财标准委员会(FPSB)董事会董事的第二任期卸任。FPSB 是金融理财师 CFP® 的国际认证权威机构。蒂姆在

2004 年国际金融理财标准委员会成立之际曾担任其董事，并在 2005 年担任其董事会主席。

蒂姆历年来所承担的其他专业责任有：

- 美国金融理财基金会理事会主席
- 国际金融理财标准委员会（CFP ®-FPSB）国际专家委员会主席
- 美国金融理财标准委员会（CFP ®-board）董事会主席
- 美国金融理财标准委员会（CFP ®-board）考试委员会主席

在担任美国金融理财标准委员会考试委员会主席期间，蒂姆致力于监督创建第一个全面性的考试，而这个考试已经为国际金融理财标准委员会（FPSB）广泛使用，沿袭至今。不仅如此，在加州伯克利大学商学院，蒂姆与合作伙伴一同创建了个人金融理财的教学项目，成为全美第一个被认证的个人金融理财教学项目。作为该项目的创始人，蒂姆已经在加州伯克利大学商学院授课长达 18 年，桃李满天下。他有成百上千的学生活跃在财富管理领域。

蒂姆现任嘉信策略信托的董事会董事。嘉信策略信托是隶属嘉信（Charles Schwab）投资管理机构的交易所交易基金（ETF）业务部门。

蒂姆也致力于慈善与公众事业。他目前担任美国旧金山大学董事会董事、旧金山亚洲艺术博物馆执行委员会委员、美国亚洲基金会董事、旧金山基督教青年会（YMCA）执行委员会委员。

蒂姆于 1968 年获得马凯特大学（Marquette University）哲学学士学位，1973 年获得密歇根大学（University of Michigan）法学博士学位，1979 年获得芝加哥大学（University of Chicago）MBA 学位。

荣誉

2010 年，为了表彰蒂姆在金融理财领域中坚持不懈的贡献，美国金融理财协会授予他"P. Kemp Fain Award"。2006 年，由于他在行业内的杰出领导作用,蒂姆荣获首次颁发的 Charles R.Schwab 重大影响奖章。加州伯克利大学商学院分部以他的名义设立了年度优秀教学奖。巴伦周刊(Barron's)把他列入第一期的"美国百名最佳独立顾问",旧金山商业时报(San Francisco Business Times)把他列为美国前 25 名独立财富管理家的名单之中,并且名列首位。金融理财杂志(Financial Planning Magazine)也再一次把他列为影响行业的"呼风唤雨的旗手"。

出版

蒂姆曾与他在 Kochis Fitz 公司的同事,一同编纂了《财富管理——富裕阶层客户的金融理财和投资管理简明教程》(2006 年第二版,www.cch.com)。蒂姆独立撰写了《集中管理股票资产:金融顾问建立定制方案指南》(2005 年第一版,2016 年第二版,合著者 Michael J. Lewis,www.wiley.com)。蒂姆与合著者 Eric Hehman 和 Jay Hummel 撰写了《成功与传承:解锁价值,权力与潜力》(2015 年 9 月第一版,www.wiley.com)。1992~2009 年,蒂姆是 Aspiriant 公司的季度杂志"Insight"的总编。同时,他的言论经常被《华尔街日报》《纽约时报》《洛杉矶时报》和许多美国或世界金融刊物所引述。他还是全球金融和投资相关论坛争相邀请的演讲者。

C目录
ONTENTS

第一部分

我们想要什么？

哪些是妨碍我们决策的行为偏误？

2002 年，普林斯顿大学的心理学家丹尼尔·卡尼曼（Daniel Kahneman）和亚利桑那大学的经济学家弗农·史密斯（Vernon Smith）共同获得了诺贝尔经济学奖，这引起了公众对行为经济学这门融合了心理学洞见和经济学方法的经济学研究分支的注意。考虑人类的非理性行为在经济研究的历史中由来已久，经济学研究一度追求数学形式上的简洁和完美，即只考虑完美的永不犯错的理性人，而且把形式漂亮的理论与模型当成一项艺术来追求。但是理想很丰满，现实很骨感：人类行为的繁杂性恰好与这个理想背道而驰，形式上完美的模型在实践中屡屡失败。经济学家越来越意识到让理论更贴合实际的重要性。经过最近二三十年的发展，以及数据的增长与计算能力的提高，行为经济与金融学这个方向已然成了主流。芝加哥大学的金融学家理查德·赛勒（Richard Thaler）在 2012 年提到："我不认为有什么金融学与行为金融学的分野，金融学就是行为金融学。"金融学是经济学中最有现实意义的分支。如果人和社会的复杂性没有被考虑到金融分析中，金融学理论也就没有什么现实指导意义。本书的第一部分将系统分析在日常生活中与个人投资理财有关的行为。我们首先讨论人们在投资理财方面的诉求，指出一个理性人在理想世界中会如何实现这个诉求，然后我们来看一个正常人在现实生活中会出现哪些偏误。之所以称为偏误是针对精准、机械的理性人来说的，这些偏误偏离了所谓的完美决策，好像是些错误。但是这些偏误恰恰是我们与生俱来的，所以很难察觉到，更难克服。王尔德曾不无嘲讽地说过"只有浅薄的人才了解自己"。人性的复杂使了解自己成了不可能的任务。没有这些偏误，就不成为人。但是这些偏误会妨碍我们做出聪明的决策。我们应该充分认识这些偏误，了解如何与这些偏误共处，才能更好地达成自己在理财上的目标。在第二部分中我们会讨论具体应该怎么做。为了不影响行文流畅，而又方便有兴趣深入了解的读者，我们在本书合适的地方放上了一些小栏目，内容包括经典案例、概念解析、相关研究、自我测评、深度阅读等。

第一章
我们想要平滑消费却胡乱花钱

▶ 最大的幸福 —— 岁月静好，现世安稳

▶ 自动断片的大脑，很难综观全局

▶ 由奢入俭难，由俭入奢也难

▶ 总结

最大的幸福——岁月静好，现世安稳

如果你问经济学家"怎样才能得到最大的幸福"，很有可能你会得到一个经典的答案"保持消费的平滑"。平滑消费（Consumption Smoothing）是一个经济学术语。顾名思义，就是我们一生的消费水准应该保持在一个水平，不要起伏太大。经济学家们致力于用数理模型来概括人类行为和这个世界。他们在进行了一番精简的行为假设和复杂的数学推演之后得出了一个结论，简而言之就是：一个理性的人应该将自己一生所能得到的财富总和平均到每天来花掉。这样一来，这个人一生的总幸福程度就最大化了。理性通常指人类在审慎思考后以推理方式推导出符合逻辑的结论。经济学家理解的理性人，其好恶能符合一系列公理，行为能符合内在的逻

辑,选择从来是最优的,更加不会无端被情绪左右。知易行难,要想做到经济学家们建议的平滑消费,有以下几个条件:

> 1. 我们必须对自己一辈子一共能赚多少钱有一个比较准确的估计,这样才能知道有多少钱可以花掉。
>
> 2. 我们必须是理性地看待钱财,每一分钱,不管是辛勤工作换来的,还是意外中奖得来的,都能一视同仁。
>
> 3. 我们必须对自己有充分的了解,永远知道自己要什么。

即使能做到以上三点,我们还需要有电脑一样的计算能力,能随时帮我们找出最佳的消费方案。我们更需要有机器人一样的自控能力,能永远控制我们的自然冲动,并按照那个最优的方案来行动。此外,还需要有一些外在的辅助条件。比如说,当我们想借钱的时候就能有金主,想投资的时候就能有渠道,想避险的时候就能有担保。换句话说,金融行业足够发达,从而我们的个人财富在人生这个时间轴上能够自由移动。

现实生活比经济学家的模型要复杂得多,个人的福利或幸福感不仅仅是由消费决定的,还可能随着时间的变化而改变,配偶和子女的因素也应考虑在内,生活方式以及人生阶段的变化可能会在特定时期要求更多的花费,不一而足。平滑消费这个洞见可以改成更贴近实际的目标:在力所能及的情况下,让自己和所爱的人一生中的生活水准保持在一个稳定的水平;此外,有一定的积蓄储备来应急,又有适当的投资收益来潇洒。其实这和古人千百年来的智慧以及我们现代人的诉求不谋而合,还应了一句流行的祝福语:只愿岁月静好,现世安稳。如果更具体一点,在每个时间点上的消费又该如何分到不同的商品上去呢?这时你需要做的是一个成本收益分析,也就是看钱花得值不值。要注意的是,这可不是看商品是否折扣最大,而是看这个商品给你带来的益处是否值得你为它付出这个价钱。这里要提醒大家的是,闲适的时光也可以看成一种商品,并且往往价格不菲。

◀ **概念解析** ▶

平滑消费(Consumption Smoothing)的概念来源于经济学多期模型中的最优解。一般来讲,经济学家假设完全理性人的福利依赖于其消费水平,并且厌恶风险(我们在第四章会详述,简而言之,一个人宁愿拿走赌博的预期收益,而不喜欢这个赌博本身),借贷及投资是允许的,但一生的收支要平衡。这样一来,数学模型中可以用一个凹的效用函数来代表理性人的福利,每期有一个预算约束条件,即当期消费及投资不应超过当期的收入及上一期投资的回报。在时间初始,理性人的目标是最大化他一生的效用,即每期效用函数的总和。利用动态优化方法可以求出模型的最优解:每期的消费水平应该是相同的。也就是说,平滑消费可以使得该理性人一生的总福利最大。

自动断片的大脑,很难综观全局

上一节我们提出了一些美好的愿望,让我们来看看哪些因素阻挠了我们成功实现它们吧。大家可能有过类似下面的经历:辛苦打工时,每月赚来的不多的工资,觉得特别珍惜,舍不得花,最好每月都能省下一点点;而年终老板额外发的分红,又会不假思索地购买大件商品。工作出色了,老板加薪,把月薪提了百分之十,但是还是月月光,根本存不下来;如果月薪不变,而年终一次性领到了百分之十的奖金,又会好好计划将这些钱拿去投资。其实这些钱都是用分分秒秒的辛苦劳动换来的,并没有什么本质上的区别,只不过是老板发放的时间或方式有不同罢了。如果是一个完全理性的经济人,他处理这些钱的方式肯定一样。但是人们往往不能把这钱一视同仁,好像是放在了不同的心理账户(Mental Account)里。类似的例子还有不能同等看待自己挣的钱和父母赠予的钱,花给孩子的钱和花给太太的钱,花在生活所需上的钱和花在享受上的钱……经济学家还观察到,当赌客用信用卡付赌资时,他们一般倾向于赌得更大;而当用现金时,会表现得相对保守一点。在投资案例中,也有类似的例子。比如说投资者可能将投资在股票和债券上的钱分别来考虑,而且并没有想到它们之间可以通融;又或者投资人将投资按照不同的目的来分类,有的是为孩子上学的,有的是为父母养老的;又或者投资人把投资按对象分类,有些是他们情感上比较喜欢的公司,有的则不是。分类倒无可厚非,问题是分类之后,会导致投资者没有全局观,不能将投资的风险与回报综合起来考虑。这个现象背后的成因是什么呢? 有学者认为,是由于心理学上的框架效应(Framing Effect)在起作用,也就是说,好像人们的大脑自动断片儿,只见树木,不见森林。如果要克服这个自然倾向,我们可以采取一些方法,比如定时提醒自己对所有的资金分配做一个全面的判断,可喜的是现在已有一些自动化的软件程序能够很好地帮我们完成这个任务。

◀ 概念解析 ▶

心理账户作用(Mental Accounting)最先是由芝加哥大学的金融学教授理查德·赛勒(Richard Thaler)提出的,指的是人们倾向于将应该一视同仁的资金分割成不同的心理账户,比如当前收入、当前财富、未来收入、投资收入、投资损失(我们在第五章会详述)、额外收入、意外之财等;而且心理上认为这些账户中的资金互相不能融通,这样一来,从不同的心理账户中拿出钱来消费的边际倾向不同,拿出钱来投资的风险偏好也不同,这种心理上“专款专用”的行为偏误往往造成资金不能被有效地配置。

由奢入俭难,由俭入奢也难

司马光的《资治通鉴·训俭示康》中有一句话:“由俭入奢易,由奢入俭难。"由奢入俭难很好理解。看看很多美国人债台高筑还在借钱消费就知道由奢入俭难。类似的例子层出不穷，在美国尤其突出：有人体重超重，仍然大快朵颐，不能拒绝眼前的垃圾食品，丝毫不考虑未来的健康状况；有人入不敷出，仍然继续挥霍，不能逃过消费文化的轰炸，丝毫不为未来的退休生活做打算。行为经济学中经常提到一个自我控制问题：人们在做决策时往往高估了自己控制自己的能力。行为经济学家把这些行为总结为短视偏误，指的是人们看问题的眼光没有那么长远，常常为了眼前的一点利益或者享乐而放弃了应该履行的长远计划。更糟糕的是，人们往往根本意识不到这一点。因为当人们只专注今天的享乐时，好似并不在乎明天；但当明天来临，他们同样还想享乐，这说明他们还是在乎明天的。这样下去，终有一天，享乐的生活无以为继，像海市蜃楼般烟消云散。

但是由俭入奢其实也难，富起来的中国人仍然有着过高的储蓄率就是一个最好的注解，国家屡次实行的消费刺激计划不大有起色的部分原因也在于此。这说明一个人要改变他的消费习惯并不是一件容易的事情。上一代中国人，在最有花钱意愿的年轻时代预算有限，为了实现自己预期的消费目标，拼命赚钱存钱，没曾想到了自己计划要花钱的那一刻，却发现花钱欲望已经消失，或者并不能从花钱中得到什么幸福感。在上一代人年轻的时候，如果有贷款等金融工具的存在，就可以提前消费自己后半生的财富。但是由于环境所限，他们养成并保持了过高储蓄的习惯，而且储蓄往往是以现金形式存在，并没有进行有效投资，反而受到通货膨胀的侵蚀。所以从一生总体来看，实在有点得不偿失。相比较起来，下一代中国人要幸运多了，在更富足的环境中长大，也许过若干年，在更富足的环境中长大的中国人又会普遍出现美国人现在的问题。

怎么花钱是一门学问。对于第一种人，如果要提高他一生的总幸福程度，必须在现阶段有节制地花费，钱用在刀刃上，花得更有效率、更有远见。现在的挥霍带来的满足感是非常短暂的，不要等到老了需要生活医疗保障的时候，却囊中羞涩、靠人救济，这才是最凄惨的。对于第二种人，正好相反，必须强迫他们多花钱，钱需用得是时候，花得更开心、更潇洒。在消费能带来最大满足感的时候尽情地花吧，不要等到老得哪也去不了的时候，只有一大堆金钱做伴。有讽刺意味的是，对于这两类人，能够提高他们一生总幸福感的办法恰恰是和他们当下的自然倾向对着干的。必须要有一个办法或者做出一定的努力来克服这种当下的本能，才能提高他们一生的总效用。这就是理财规划起作用的时候了。我们可以有一套方法来提醒我们慢点跟着感觉走，做决定前多想想，来帮助我们克服自然的偏误和减少犯错的成本。

▼ 相关研究 ▲

关于短视偏误（Myopic Bias）或者自我控制（Self-control）的实验，经济学研究有不少。通常在实验室里，人们会被问到一些问题来让他们评估现阶段和未来的价值有何不同。一般来讲，人们会给当下过高的估价，而给未来过低的估价，而且他们的行为从理性上来讲是不一致的。比如实验参与人在比较今天的 100 元和一个月后的 110 元钱这两个选项时，往往会选择今天的 100 元。而当他们比较一年后的 100 元和一年零一个月后的 110 元钱时，大多数人又会选择一年零一个月后得到 110 元。但是真的到了一年后的那一天，他们实际上可能又一次希望当天就能拿到 100 元钱。所以说人们过度地折现了未来，或者说表现出较低的自控能力。斯坦福大学心理学家米歇尔（Walter Mischel）教授设计的一个很有影响力的"棉花糖"实验发现：表现出较强自控能力的学龄前孩童，即可以克服在 15 分钟内不吃糖，以换取两颗糖的孩子，长大后从学业到事业上都表现得更出色。近年来也有研究发现，正面情绪例如愉快等能使人们表现出更强的自控能力。也有研究表明在实际生活中，人们会采取一定的措施来克服自控力不足，比如将工资定存定投，只留一小部分现金，以防止过多的现金被挥霍掉；或者采用频繁的小型的奖励，来使自己能将重要目标长远坚持下去。

让我们来看看人们的真实行为和经济学家假设的完美理性行为有多大差异。下面两则真实的故事分别是心理账户和短视偏误的最好例证：

【经典案例】

从彩票发明以来，历史上有不少中过大奖的"幸运儿"，但幸或不幸真是依赖于中奖人怎么花这笔钱。作为美国彩票史上最大的中奖人，在2002年底买彩票中了3.1亿美元之前，杰克·威特克（Jack Whittaker）已经是一个成功的企业主和百万富翁。他的建筑水管公司雇了一百多个人，每年大约有几百万美元的营业额，他还有着幸福的家庭和可爱的孙女。但中奖后，他不但酗酒成性、官司缠身，就连孙女也在两年后17岁时离奇死亡。5年后他的婚姻解体，钱也花得所剩无几，渐渐淡出了人们的视线。也许杰克自己的话是整个事件最好的注解。在刚中奖时他说道："我这一辈子什么都得靠自己挣，这是头一次有人白给我东西。"很显然，杰克没有能把作为一个商人辛苦挣来的钱和花一块钱买彩票凭空得来的钱一视同仁。若干年后，杰克苦涩地说道："我这辈子最后悔的就是买彩票中了奖，我希望我撕掉了那张彩票。"

【经典案例】

巴尔扎克的"老葛朗台"形象可谓深入人心——一个有着万贯家财却一毛不拔的守财奴。现实生活中有一个真实的"女版葛朗台"，她就是20世纪初的美国女首富、华尔街女性第一人海蒂·格林（Hetty Green）。尽管她有很多钱，但为了省下肥皂钱，她只洗裙边；为了省租金，她只在银行大厅办公；为了省税，她居无定所；最夸张的是，她不舍得多花50美分为唯一的儿子请一个好点儿的医生看病，以致儿子因为骨折而不得不截肢。

总 结

聪明的读者看到这儿可能会问了，难道我们只考虑金钱吗？虽然俗话说"贫贱夫妻百事哀"，其实快乐与人的物质环境并不一定是完全相关的，在本书第七章我们会就这一问题进行更详细的讨论。人的需求是复杂的，不单单是金钱上的满足。推而广之，其他决定人幸福的因素也可以考虑进来。举例来说，闲适的时光也能给人带来幸福感，这和赚钱恰好是对立的。

人分百种，每个人都可以有自己独特的偏好，偏好在每个时期也可以是不同的。但长远来讲，如果我们能把一生的资源合理地分到每个时期，使每个时期恰好达到幸福的最高点，岂不美哉？一个比较明智的做法可能是：先尽早计划好什么时候需要花费多少，什么时候会有比较大的开销，什么时候可以多赚钱，什么时候因为家庭的责任和对梦想的追求需要放弃一部分收入。这些都是本书第二部分要谈到的理财规划的内容。不管怎么说，了解自己的需求与偏好都是非常重要的。在本书伊始，让我们先把目光局限在金钱财富和物质消费上，即使这样，我们也可以有许多洞见。

第二章

我们想要掌控一切却责怪他人

▷ 自己技高一筹,他人稍逊风骚

▷ 功劳归自己,过失怪他人

▷ 凡事只往好处想的不良后果

▷ 造神文化与不合理的预期

▷ 总结

自己技高一筹,他人稍逊风骚

我们在前一章提到,充分地了解并适当地控制自己是一件非常困难的事情。这一章我们着重谈一谈自我认知中的偏误。请先看看下面的自我测评:

【自我测评】

如果你是一位男士,请评估一下你开车的技术在男士中是高于平均水平,等于平均水平,还是低于平均水平?

如果你是一位女士,请评估一下你的家政能力在女士中是高于平均水平,等于平均水平,还是低于平均水平?

如果你是一位学生,请评估一下你的学习能力在学生中是高于平均水平,等于平均水平,还是低于平均水平?

如果你是一位投资人,请评估一下你的投资水平在投资人中是高于平均水平,等于平均水平,还是低于平均水平?

--▼--

如果我们可以把大家的评估结果汇总,在任何类别下,几乎可以肯定的是有多于五成的读者认为自己的能力是高于平均水平,或达到平均水平;而只有少于五成的读者认为自己的能力是低于平均水平。但这是不合逻辑的,真实的情况一定应该是有五成的人在平均水平或以下。有趣的是,这个调查以各种问题形式出现过,并在各种人群中经过测试,结论都是如此。为什么?这说明过于自信是人类的一大特点。人们往往对自己的能力、水平、判断力、运气、分析力、自控力、努力程度,甚至经受的磨难、挫折,有着过高的估计。也许人类社会之所以能存在,和人类的自信与乐观是分不开的,但是这个特点恰好会给投资人造成金钱上的损失。比如散户在投资股票时,需要对某只股票的升值空间有一个判断,尽管没有什么特别的根据,大多数人会认为自己选的股票比别人选的更有可能涨、涨幅更大、更不可能跌,而且自己的这个判断更合理、更准确。不然他什么要买这只股票,而不跟着别人买呢?而且这种过于自信也会扩散到跟他们亲近的人或事上。如果一只股票或基金是他们的个人财务顾问推荐的,他们会觉得比别人的财务顾问推荐的涨得更好。

这种过于自信的偏误,在专业投资人中也存在,甚至更严重——詹姆士·蒙蒂尔(James Montier)曾经在 2006 年的一项研究中发现,300 名接受访问的基金经理中有 74% 的人认为他们的业绩高于平均值,其余 26% 的受访者认为他们的业绩达到平均水平。究其原因,因为专业投资人更易受到所谓"习得的过于自信偏误"的影响。试想一个能够在竞争激烈的金融行业生存下来的基金经理,一定会对自己的能力有信心。如果他的表现突出，他会对自己的能力更加深信不疑，尽管这里面运气也起了不可或缺的作用。比如说普通人有 50% 的可能成为一个成功的基金经理，一个有能力的人有 60% 的可能成功。在运气和能力的共同作用下，某人成为一个成功的基金经理，他很可能会认为他的能力起了 80% 甚至 100% 的作用。

过于自信这个特征，笔者也感同身受。在出版方询问我们大概何时能完稿时，作为了解这一偏误的研究者和管理这一偏误的实践者，我们提醒自己千万不要过高估计了自己，留出比较富余的时间为好，但是在最后交稿期限临近的时候，我们发现自己还是过高估计了自己。当然因为这是中美两位笔者第一次合作完成一本面向中国大众的财富管理书籍，我们并没有类似的经验可以借鉴，所以这里涉及一个不熟悉、不可测，或者说模糊的前景。在第四章，我们会就这个特殊的情形再详细论述。但是有一个可以推而广之的结论就是，不管是在熟悉或不熟悉的领域，人们总是过于自信，并且这个偏误是不容易克服的。也许正是由于这种与生俱来的乐观与自信，人类才得以在这个地球上生存下来，所以这个特征通过遗传密码代代相传了。

只要有可能，人们会很自然地给自己画上最美的肖像。把与自己相关的事情想象得更美好。以股市上的散户为例，如果每个散户都认为自己的判断比其他散户更准确，而他们的判断又互不相同，那么有人认为某只股票该卖，自然就有人认为这只股票该买，二人各自认为自己的判断更合理，买卖就发生了。表现在股市上，就是股票的换手率很高，整个市场出现过度交易。过度交易的后果就是散户间的零和游戏，而券商赚到了手续费。而且如果某位散户对自己的判断过于自信，会产生可以战胜市场的错觉，使个人资产过于集中于某些个股，造成风险过于集中，一旦价格反转，损失会更惨重。有研究者专门查看了个人投资者的交易行为，他们发现，相比之下，换手率高的投资人的年平均收益比那些按兵不动的要低多了。也就是说，一年的折腾和心血都枉费。这么多盯着大盘劳心劳力的时间，多拿来陪陪家人、朋友，多去读书、去旅游多好啊。个人投资者如何克服过于自信这一行为偏误呢？著名的投资人彼得·林奇(Peter Lynch)有一个方法，可以防止我们掉进过于自信的陷阱，那就是在做决策的时候把自己分析推理的每个细节都记下来，到事情结束后，仔细分析事情的结果到底是源于自己的决定，还是外部的因素。大家不妨给自己定一个纪律，每当觉得自己掌握了真理、按捺不住、想要换手的时候，给自己一个实事求是的评估，看看自己过去是不是真有跑赢大市的辉煌历史。彼得·林奇还说过一句话："除了许许多多的意外，股票超过 20 年以上来看还算可以预测。至于它们未来两三年内，会涨还是会跌，那还不如用抛硬币来决定吧。"要知道就业绩来说，彼得·林奇是世界上最好的投资人之一，而且在他主掌富达基金期间，可是出了名的 24 小时 7 天工作制。所以对于普通投资人来说，与其花费时间和精力研究股市涨跌和择时秘籍，不如在专业投资顾问的帮助下，选择一个经典的长期投资计划，持之以恒。

过于自信的更高段位是控制错觉(Illusion of Control)，这和"人定胜天"之类的豪情壮志如出一辙，有时候人们对自己完全不能左右的事情却有一种可以掌控的错觉，这一点在有随机因素时表现得更为突出。比如运动员会在比赛时穿自己的幸运球衣，因为上次穿这件衣服的时候恰好赢得了比赛；赌客在下注时会用自己的幸运骰子，因为上次用这个骰子恰好赢了赌局。但这些所谓的幸运衣或幸运骰子和这次比赛或赌局的输赢一点关系都没有。金融投资恰好也是一个充满随机性的领域，所以也经常出现控制错觉的例子。比如某位投资人对 A 与 B 的投资前景都吃不准，但 A 恰好是这位投资人曾经研究过的领域，由于投资人已经在 A 这个领域花费了不少时间和精力，因此他投了 A，但这和 A 是否赚钱没有任何联系。再举一个例子，有些投资人专投自己行业、家乡或国家的股票，当然这里面也不排除一种可能——他们认为自己努力工作，能为这个行业的股票带来更多的机会。但是要知道，整个行业的兴衰还有赖于其他很多方面，不是某个投资人个人的努力能改变的。在投资中，这个偏误会造成人们过多交易，因为他们错误地觉得可以掌控某些情形，便把股票集中在自己认为可以控制的领域，从而使风险过于集中。

如何避免这个控制错觉来添乱呢？我们要提醒自己：影响投资结果的因素有许多是不可控的，非常复杂；在选择投资方向的时候，我们要注意不要误以为某些方面是可以被掌控的，从而使自己的投资过于集中在那个方向；在回顾自己的投资表现的时候要尽量客观，不要误以为赚钱的原因只是自己的聪明决策，要考虑到运气也可能帮了我们大忙。

在这个全民创业的时代，我们不得不提醒大家，曾经也有一些"梦想家们"，他们月光或者借贷消费，不做任何职业生涯和家庭财务的规划，空想着赚大钱，却不愿脚踏实地的从零积累，只信"车到山前必有路"，不信"不见黄河不落泪"，这何尝不是一种过于自信而产生的控制错觉呢？

◄ 概念解析 ►

过于自信偏误(Overconfidence Bias)指人们过高地估计了自己完成某项任务的能力；或在与他人的比较中，过高地估计了自己的表现比他人更好，或认为自己所掌握的信息准确度更高。研究表明，人们在自己更有把握、更了解的领域更容易表现出更高的主观自信，所以专业人士中过于自信的例子比比皆是。

控制错觉(Illusion of Control)指人们倾向于高估自己对事物的控制能力，比如人们总是觉得能够掌控一些自己根本无法掌控的事情。研究表明，在有随机因素的场合，控制错觉更有可能出现，而且这个错觉会因为压力和竞争性的环境而加强。这些恰好都是金融交易场合的特征，所以说，金融交易中的控制错觉屡见不鲜。

▲ 深度阅读 ▲

过于自信几乎在各种类型的人身上体现出来，并在各种场合出现过。20 世纪 60 年代，在心理学研究中发展出了测量过于自信的量表。20 世纪 80 年代卡尼曼(Kahneman)与合作者的书让这个概念被广大社科领域的研究者所熟识。在经济金融中影响最广的研究莫过于 2000 年前后奥丁(Odean)与其合作者的系列研究,他们发现,过于自信的投资者相较于普通投资者会过多地交易。这些投资者认为他们在交易时机和股票选择上更胜一筹,但是实际上他们的投资收益率平均下来比市场表现要低得多,而且由于过多交易而带来的交易费用更加降低了他们的投资所得。奥丁与其合作者也发现男性比女性更加表现出过于自信,因而更多地交易。近年来,研究人员通过经济学实证和实验研究为这一偏误提供了更多的佐证,斯坦福商学院的马尔门迪尔(Malmendier)和沃顿商学院的泰特(Tate)研究发现福布斯 500 强(Fobes 500)的 CEO 们也受到过于自信的影响,不少人同时在个人投资和对公司的投资决策中表现出过于自信。笔者对于中国高考学生的研究发现,即使在高考这个考生一生中所经历过的最重要的事件中,在估计高考分数和填报志愿时,考生仍表现出了过于自信。

控制错觉最先由哈佛大学的心理学家艾伦·朗格尔(Ellen Langer)在 20 世纪 70 年代提出:"人们主观期望的个人成功率远远高于实际客观情况所允许的。"她发现选择权、任务熟悉程度、个人参与情况等都能够造成人们的控制错觉,因而过高估计自己的成功率。这一观察后来经过很多心理学家在不同的实验中重复验证。有一项以伦敦投行里的交易员为对象的研究表明,有着控制错觉倾向的交易员在分析、风险管理及投资业绩上都更差。

功劳归自己,过失怪他人

大家有没有发现,在宏观经济强势、股市高涨的时候,我们认识或听说的投资高手、创业能手就很多;而当经济疲软、股市低迷的时候,我们认识或听说的运气不好的人就特别多。为什么不是反过来：当经济情况好的时候，运气好的人多；而经济情况不好的时候，投资策略有问题，或水平不够的人多呢？有投资经验的朋友们，请问一下自己：在买了某只股票或基金后，如果涨势更好了，有没有小小地得意于自己的预测准、欣赏自己理财的能力强？相反，如果听说负面消息，有没有暗暗抱怨市场不透明、怀疑黑幕有可能存在？这正是人们的自利归因偏误（Self-attribution Bias）在起作用。大家都喜欢把功劳算到自己身上，而把过失推给客观环境。

好莱坞大片就深谙这一心理：不管是蜘蛛侠还是超人，蝙蝠侠还是无名英雄，失利时一定是小人或厄运在作怪，而力挽狂澜、扭转颓势、扳回大局的一定是我们能干的主人公。偶像明星的脑残粉们更是将这一心理表现得淋漓尽致：负面新闻一定是他人蓄意抹黑，正面新闻才是我们大明星的真风采。

民间有一种说法不无道理："小病不断，大病不患。"经常得小病，免疫系统常被刺激，个人也会更关注身体健康、注意保健，反而不容易得大病。平时什么病都没有的，反而可能是本身免疫系统不敏感，加上自认为很健康，也不注意养生，日积月累，可能到病灶很大时才被发现。类比到投资理财领域：某位投资人很幸运，他的投资组合过去几年的表现一直很好。但可能只是这几年某些行业的强劲增长恰好使得他的组合表现良好。而为了追求更高的收益，该投资人的组合更向相关行业集中。一旦形势发生逆转，他的投资组合可能遭遇灭顶之灾。正如巴菲特说过的："只有在潮水退去的时候，我们才能知道谁在裸泳。"

结合上一节提到的过于自信，我们看到，经验不够丰富的理财新秀最可能因为恰好只经历过有利的情势而产生一种虚高的自信，认为自己在投资上天赋异禀，并且很容易低估投资组合的下行风险。只有当投资人的投资组合经历了经济衰退的洗礼，甚至是"黑天鹅①"事件的考验之后，才能判定他是否真的"有料"。

---

① 请参考第四章中的"深度阅读"。

自利归因偏误（Self-attribution Bias）指的是人们都喜欢把功劳算到自己身上，认为自己的能力促成了成功，而把过失推给客观环境，认为失败是由于运气不好。心理学中相应的更广义的概念是自利偏误（Self-serving Bias），指的是由于维持和提高自尊的需要，或者让自己看上去更好的倾向，而趋向扭曲的认知或知觉过程。

凡事只往好处想的不良后果

乐观是一件好事，人类之所以能够从数不胜数的自然灾害、磨难、战乱、纷争中顽强地生存下来，并且越活越精彩，乐观的心态起了不少正面的作用。可以说是人的生存本能使人们戴着玫瑰色的眼镜看这个世界，但是永远带着这副眼镜就不免自欺欺人了。如果眼镜的玫瑰色太深了，会使许多影像失真，造成严重的不良后果。

20 世纪 20 年代的著名经济学家欧文·费雪（Irving Fisher）曾评论当时的股市："股票的价格到达了一个应该是永久性的高水平。"几个星期以后，就发生了 1929 年的股灾，接着是全球范围内的经济大萧条。20 世纪 90 年代末，很多人对互联网技术带来的"经济长期繁荣"及"新时代经济将完全超越传统经济"的观点深信不疑，但接踵而来的却是 2001 年互联网（Dotcom）泡沫的破灭。为了挽救互联网危机后的经济，美国政府采取了激进的货币宽松政策，直到 2007 年次贷危机来临之前，人们还乐观地认为美国房价会持续上涨，继续投机房产；商业银行也乐观地认为没有收入证明的人也能还上贷款，继续滥发次级贷；评级机构也乐观地低估次贷衍生证券的风险，继续给出 AAA 评级；投行同样乐观地认为自己的衍生债券不愁销路，维持超高的杠杆水平。终于在 2008 年，引发了危及世界的金融海啸。每次大家都乐观地预计经济会持续繁荣、投资会持续走高，认为这次与众不同，可是就像莎士比亚写到的——"没有比希望与众不同更通常的事情了。"

　　研究者还发现，人们在看问题时，把事情分成内部的自己的事和外部的他人的事，而乐观者显然对前者更乐观。对自己的公司、自己所在的行业、自己的创业项目、自己的国家、自己的民族有自信很好，但过于乐观就有问题了。前面几节我们谈到的过于自信可以看成对自己个人能力的过于乐观，我们已经谈到了这一偏误在个人投资中的危害。如果已经有很大一部分时间与人力投入在某个领域，而金融资产又集中在这个领域，从投资理财的角度来看是非常不明智的，因为这样会使风险过于集中。一旦这个领域有了某些冲击，行业缩水、公司利润下降、失业可能性增加、投资亏本等便接踵而来。

◀ **概念解析** ▶

　　乐观偏误(Optimism Bias)和妄想思维(Wishful Thinking)指的是人们对自己的能力和事物的前景有着不切实际的乐观判断，过高地估计了好的和令人愉快的结果出现的可能性，并且根据这些判断来做决策。有心理学家认为，人们在事情还没有发生前，故意忽略事实、理性推理和实际情况，只往好的方面想，也许是为了解决欲望和信念不一致的矛盾，以得到短暂的快乐。

造神文化与不合理的预期

　　2014 年 4 月，中国商人及收藏家刘益谦以 2.8 亿港元(约合人民币 2.25 亿元)在香港苏富比拍卖行拍得乾隆帝御用的明朝成化年间的鸡缸杯，并且很开心地用杯子抿了一口，让国人着实艳羡了一把，也关注到了这位商人。之后,刘益谦在国际拍卖场上又屡次出手,2015 年 11 月在纽约佳士得拍卖行更是以 1.74 亿美元(约合人民币 10.28 亿元)拍得莫迪利安尼的名画《侧卧的裸女》,成为公开拍卖场上成交出价的榜眼。刘益谦 1963年出生在上海的一个普通家庭,在改革开放后的数十年间,几乎没有错过一次暴富的机会,迅速从一个小摊贩成长为上榜福布斯的大富豪,其经历可以说是一个传奇。

过去 30 年中国经济的高速增长,全世界都有目共睹,造富神话层出不穷。这个前所未有的黄金时代也宠坏了我们,使得我们有了过高的投资预期。有些投资人觉得没有两位数以上的回报就没意思;更有投资人认为投资一定要有回报,不可能亏损。在做投资决策时,只关注最好情况下的回报,或者错把预期回报当成固定收益。一旦亏钱,就认为自己上当受骗。

有一句老话:福兮,祸兮。在投资领域,风险和回报往往是相辅相成的。有一则笑话你可能听过:"一位金融学教授和他的学生在华尔街上散步。学生看见地上有张 20 美元钞票,马上报告老师,教授说,不可能,要是有的话,一定早被其他人捡走了。"尽管有点夸张,但这个笑话的场景设在全球金融市场的"心脏"华尔街,也说出了一个金融学中的重要理论"有效市场假说"。简单来说:在充分竞争的金融市场上,没有白捡钱的机会。想要得到回报,一定得付出点什么。一般来说,投资都是有风险的,投资的结果是说不准的,有可能盈,也有可能亏。盈亏之间的差距越大,风险就越大。不管是投资股票、理财产品、私募,或者一个新的生意,一定是有风险的;而且预估的平均回报越大,相对应的风险就会越大。可能有人会说:"不对啊,我就投资过一些给我带来很大回报的项目啊,没有风险啊。"从你个人的角度,这个投资看似毫无风险,但或许你只是该项目所有投资人中那幸运的百分之一,甚至千分之一。有许多投资人可能在这个投资中血本无归,而他们已经销声匿迹。我们看到的只是那些幸运的少数,却忽略了沉默的不幸的大多数。如果有人承诺给你很高的回报,却只字不提风险,或者担保没有风险，他十有八九是骗子。天下没有免费的午餐，不要让一时的贪心或者侥幸心理蒙蔽了双眼，不然可能会有非常惨痛的后果。

这么多年来，各类媒体上关于企业精英、成功人士的报道层出不穷；"股神""股圣"纷纷涌现，让人们误把个例当惯例，以此为"锚"（Anchor），觉得在中国"淘金"很容易，不发达是一件不可能的事。而且人们往往对形势的判断过于乐观，对自己的能力过于自信。在投资的时候下意识忽略了风险、放大了预期，糊里糊涂投资了风险过大的项目，在血本无归时才追悔莫及。

有这样一个比喻：上帝像一个顽童，他用掷骰子的方法来安排人们的命运，这些骰子均匀分布在不同的位置上，总有一些落在最好的位置，而另一些落在最差的位置。所以如果我们跳出来试图以上帝的眼光看世界，就会发现个人的境遇在很大程度上是随机的。但是红尘中的我们往往低估了这种不可控制的随机性，而把成功过多地归结为个人因素。为了吸引眼球，媒体往往只集中报道极端的成功个例，所以在媒体造富神话的轰炸下，我们往往过高估计个人成功的概率，或者潜意识里相信自己会是幸运的那一个。

刘益谦们的确存在，我们暂且不深究他们致富的策略和细节，先来算算像这样的个例出现的概率吧。假设有这样一位商人：从改革开放以来，他每年做一笔生意。他没有任何背景和关系，凭的全是运气和时势。非常幸运，他每年的生意都成功了。他每年生意成功的可能性是多少呢？我们并不知道，但是由于只有成功和失败两种可能性，我们就说每次成功、失败一半一半吧。做过生意或投资的朋友可能有感觉，投资或生意成功的可能性往往比二分之一要低多了。让我们来算一算，在做生意或投资的 30 年里，从来没有亏过，这件事发生的概率是多少？50％的 30 次方，即 8 的负10 次方。也就是说，全中国七十几亿人中可能只有这么一个幸运儿！即使各位相信自己的好运气，也不敢相信自己是全国唯一吧。

总 结

  过去 30 年中国经历的是一个大变革的时代，经济形势变幻莫测，这些特征恰好使得这个时代成为各种投资偏误行为的温床。我们在这一章里着重讨论了与自身相关的一些偏误。作为本章的收尾，我们不妨重温一下价值投资之父本杰明·格雷厄姆(Benjamin Graham)的名言："投资者最主要的问题，甚至可以说是他最大的敌人，最有可能就是他自己。"

第三章
我们想要掌握未来却骗了自己

简 介

在第一章我们提出了平滑消费这个美好的愿景,以及完美的理性经济人如何通过三个必要条件来达到这个理想。我们发现要做到第二条"理性地看待钱财",对普通人来讲却困难重重;在第二章,我们谈到要做到第三条"对自己有充分的了解和控制",更是难上加难。那么第一条"准确估计自己一生所得"呢?可惜我们没有水晶球来透视不确定的未来。当然理论上来讲,概率统计方法能够助我们一臂之力,但是这个数学上的方法在实际中却往往败给了我们的偏误。本章将主要讨论在不确定的情况下,我们做决策时会发生的各种偏误。

赌徒的谬误

不管是在澳门或者拉斯维加斯,经常能够看到这样的赌客:他们在一台老虎机上如果恰好赢了几次,通常会换一台机子再玩儿;如果恰好是输了几次,他们反而会坚持在这台机子上玩下去。他们的逻辑如下:老虎机的输赢是不确定的,也就是说是随机的。如果说输赢的比例一半一半,那么赢了这么多次,应该会输了;相反,如果之前一直输,那么后面赢的可能性就更大。另外有些赌客的表现恰好相反,如果一台机子让他们赢了几次,他们会继续在这台机子上玩下去,如果一台机子让他们输了几次,他们会立马转台。他们的逻辑是:让他们赢了几次钱的老虎机是台幸运机,赢钱的概率应该更大;而赌场老板一定在让他们输了几次的机子上做了手脚,使得赢钱的概率降低了。听上去,这两种逻辑好像都很有道理,就像我们常说的"风水轮流转",或者打牌的时候手气会一阵一阵的。但是如果用统计学的知识来分析,这些赌客的所谓经验恰恰是一个很大的谬误。每台机子从生产厂家出来,其内部构造相同,也不存在什么输赢概率上的区别。从区区几次的输赢结果并不能看出其内在概率,也许玩了数十到上百次,才能约莫估计出一台机子输和赢的比率。而且在老虎机上这一次和下一次放角子,完全是两个独立的事件,两者之间并没有什么关系。这一次是输是赢,和下一次玩的结果一点关系都没有。

赌徒谬误(Gambler's Fallacy)的根源在于人们喜欢找规律的倾向。从若干个孤立事件中推演出似是而非的结论,从一片混沌中找出并不存在的规律,这些看似聪明实则错误的逻辑也驱动着个人投资者的行为。比如有些股市散户着急卖掉那些最近涨势喜人的股票,因为觉得这只股票的好运气快用尽了;反之,他们继续捂着没什么动静的股票,因为觉得这只股票的运气就要来了。理性的投资者应该研究股票相关公司的具体财务信息、行业信息、大势及基本面,再来决定如何处理这只股票。

假设我们有一个全能的神帮助,能够知道所有的数据、所有的事实,那么只是一个比较、查表的问题了。如果采用概率统计科学的办法,我们至少应该知道足够多的事实、足够大的样本,才能下结论。但是在现实生活中,尤其是现阶段的中国,大样本往往是不存在的。有一些行业是刚刚兴起的,本身的历史就很短。比如在判断一个新的理财产品的未来回报、一个基金经理的真实水平、一个分析师的预测能力时,我们的样本往往是很小的。一个典型的场景是:投资顾问给投资人一份单子,上面写着某些理财产品在过去短短几年甚至短短几个月的回报,单子上罗列了一些辅助信息,比如认购时多么火爆、剩下的资金位多么有限;又或者,给一份基金经理的排名,另附他们的学历背景,甚至照片;投资人必须从这些信息里决定是否购买某个理财产品,或者是否雇用某个基金经理。但是从这些有限信息里观察到的现象是不能推而广之的。即使在金融历史长和数据多的美国,有研究表明,如果根据基金经理过去的表现来决定他们的去留,新任的基金经理并不能带来超出被解雇的基金经理的更高回报,相反这一解雇、一聘用还会陡增大概相当于总投资资金 2%～5% 的成本,得不偿失。所以尽管每年各大财经杂志组织的各类评比热火朝天,令人眼花缭乱,但我们个人投资者需要清楚,由于数据的限制,这些排名并没有太大的指导意义。类似的例子也存在于个股的选择。再举一个例子,个人投资者经常从亲朋好友或理财达人那儿听说某只股票很赚,就不经思考地去买,结果买到手就套牢了。雾里看花、水中望月,预测其实是一件非常难的事情,而大多数人却可能连这个认识都没有。

◀ **概念解析** ▶

　　赌徒的谬误(Gambler's Fallacy)与小数定律(Law of Small Numbers)：如果想了解某个研究对象，比如说某个市区新建楼盘的价格，假设我们能收集到足够多的数据，就可以比较有把握地描述出这个研究对象的概率分布的特征，比如说均值、方差。这个理论在数学上是可以被证明的，统计学家称之为大数定律。但是生活中，人们往往试图从少数几个数据中推断出过多的结论，比如我们在这节开头提到的赌徒常犯的错误。行为经济学家把这种现象称为赌徒的谬误，把人们的这种没有科学依据的逻辑称为小数定律。

并不可靠的第一印象

　　让我们来假想一个集体相亲的场景：数十位适龄男女互不相识，都老大不小了，结婚也都提到了议事日程，所以有热心人士在咖啡馆里组织了快速约会活动，邀请大家参加，活动中每一对男女都有几分钟单独面对面交流的时间。由于大家平时工作繁忙，所以虽然是第一次见面，也都想尽可能多地了解对方，筛选出进一步交往的最合适的对象。无奈一对一时间很短暂，很多问题来不及交流，所以女士可能根据男士的穿着打扮来估计其身家，男士可能凭着女士的谈吐经历来判断其性格。但这种第一印象往往是不可靠的。

　　比如大家认为一位戴眼镜的男士是从事技术工作的宅男。但实际上，中国近视人数有 4 亿，大学生近视率 90%。所以在中国近视眼的男士比率会比从事技术工作的男士比率高，也会比宅男的比率高，更会比技术宅男的比率高多了，给戴眼镜男士贴上技术宅男的标签并不合理。这是典型的代表性偏误(Representative Bias)的表现，人们在做判断时忽略了基准概率，而只凭印象，什么看上去更有代表性，就认为什么更有可能。

又比如大家认为一位有过几次恋爱经验的女士对感情不够慎重。但实际上，她第一次被分手是因为大学里交的第一任男友出国留学、聚少离多，第二次被分手是因为工作中认识的第二任男友调动工作、另有新人。只能说这位女士运气不太好，两次失败的感情经验和她对感情的态度没有半点关系。这也是一种典型的代表性偏误的表现，人们在做判断时忽略了样本大小，中了赌徒谬误的招，从一个小样本中归纳出了错误的的代表性。这实际上都是主观臆断。尽管情有可原，在日常生活中可能是不得已而为之，甚至在人类发展史上，这种利用小样本和直觉快速做出判断的时刻可能决定了历史的进程；但在金融理财中，在我们有条件三思而行的时候，不妨多想想，因为这种主观臆断可能会给我们带来不小的金钱损失。

一个例子是炒股中的图表派或技术分析派（Tech Analysis or Chartism）。大家可能在电视中的股评节目和市面上的畅销炒股书中看到过他们的身影。他们往往试图根据过去的价格和交易量等因素来预测未来的价格波动。学术界不少实证研究都表明，技术分析或图表派的策略并不能带来超额回报，他们发现的所谓规律并没有什么根据，就连机构投资者采用的复杂、高端的量化分析也不一定有用。那些图表或技术分析有用的案例往往是巧合，或者反映的是一种假的相关性。能够在某时期预测某个股或板块走势的规律并不能重复应用于该个股或板块，更别提推而广之了。这恰恰反映了股市的随机性和不可预测性。实际上，在某个时期能短期影响股市走向的是宏观经济政策、货币政策、政治环境、参与市场中的人的共同的行为偏差；而且这些影响都是有限的，因为在充分竞争的市场上，市场中的套利机会马上会被吸收掉，预测未来走势仍是不可能的任务。在中国的股市历史中，由于政府干预、庄家做手脚和机构违规操作，股票走势更加让人难以捉摸。但是由于形式上看上去的科学性和有效性，使得实际中有很多图表技术派的忠实信徒，而他们往往又只盯着那些图表技术碰巧成功预测走势的个例，便更加笃信。殊不知，正是只关注这些小样本所产生的代表性偏误蒙蔽了他们的慧眼。

在投资新股和首次公开募集股票(IPO)时,代表性偏误经常出现在投资人的决策中。一般来说,当市场上出现了新的消息,或市场出现了反转,需要投资人迅速做出判断时,这个行为偏误都会过来"捣一下乱"。不要说普通的个人投资者,就连专业投资者和机构也不能幸免,这就是为什么研究者发现,当新的消息出现时,股市总会有一段时间的过激反应,当然随着时间的推移,这个反应会慢慢被市场纠正。

此外,我们上节在谈到赌徒谬误时,提到过选基金经理时过于依赖小样本做出决定的现象,此时代表性偏误经常会出现,甚至经理人的谈吐、形象、造势能力等和未来的赢利能力没有任何关系的因素倒成了决定性的。可以想见,在媒体评选年度最佳投资经理的时候,媒体聘用的专家评审或者采用的投票调查中,代表性偏误也会出现。仔细想想,这跟相亲没什么两样。所以大家大可不必盲目推崇所谓的投资明星,有研究表明,他们并没有什么特别之处。也许有那么亿万分之一的个例有些特别的能力,饶是这样,运气也帮了大忙。

那么个人投资者应该怎么做呢? 那就是把眼光放远,看长期回报,多以审视的态度看问题,不要太快偏听盲从。多问问专业人士,他们的预测到底是如何得出的。

◀ 概念解析 ▶

代表性偏误(Representative Bias)指人们倾向于从看上去相似的事物之间臆想出并不存在的共性。究其根源主要有两点:第一,人们倾向于将投资机会按照印象中显而易见的有代表性的特征归类,然后按照这个类别来判断该项投资的风险与回报。但这种归类方法往往是错误的,而与这些特征毫无关系的因素被忽略了——历史上或统计上的基准概率(Base-rate Probability)才是投资的决定因素。第二,人们忽略了现有的样本大小(Sample Size),仅从一个很小的样本来归纳样本所代表的群体特征。但是这个小样本表现出来的形式可能是一种巧合，和整个群体的特征没有什么关系。

闪光的不一定是金子

【自我测评】

你认为每年飞机失事的致死率高，还是大象踩踏的致死率高？

你认为每年大象踩踏的致死率高，还是河马冲撞的致死率高？

你的答案是什么？一般人会认为飞机失事的致死率最高，大象踩踏的致死率其次，河马冲撞的致死率最小。但是答案恰巧是反过来的。飞机事故的致死率平均下来每年不到一百人，大象踩踏造成的死亡率大概是每年五百人，而河马冲撞造成的死亡率大约是每年三千人。事实上，在非洲，河马伤人是一个严重的问题，只不过我们没怎么听说罢了。而世界各地飞机失事的新闻，我们几乎可以第一时间听到，而且每一次大型空难会涉及上百人，让人们对其伤亡重大的印象深刻。所以，当人们回答这两个问题的时候，自然而然根据自己容易回想起来的信息来做判断，这就是易得性偏误（Availability Bias）。

也许"一颗沙里可以看出一个世界，一朵花里可以看出一个天堂"，但由于我们自身的局限，我们各自眼中的世界却和真实世界相去甚远。比如说，在当代中国，青年人可能觉得创业最致富，中年人可能觉得房地产更赚钱；北京人可能觉得当官最简单，上海人可能觉得外企更好混；四川人可能觉得地震最可怕，台湾人说别忘了还有台风。自己的亲身经历或者亲戚朋友的经历往往更加印象深刻，也更容易回想起来。在判断事物的可能性时，人们不经意地加大了自身经历的筹码，观点也就不一样了。在理财中，这个偏误会影响到你的择业、投资和保险等方方面面的决策。

易得性偏误可能会影响人们的职业选择。比如普通美国民众可能会觉得金融或法律是最有"钱途"的专业。但是统计资料显示，退休时家庭财富最高的反而是教师或者小承包商、小店主等小商业主。为什么大家会有这样的印象？多半因为政要或金融精英人士的生活频繁出现在影视剧里，而一些平凡而又殷实的行业的曝光率就没有那么高了。由于人们记忆中更容易搜索到法律与金融人士的光鲜生活，所以也相应做出了这些行业人更有钱的判断。诚然，这些行业里明星的生活让人艳羡，但这些行业所需要的教育时间长、花费高，很多人都背负着沉重的学业贷款；相应地求职竞争激烈，高薪的职位竞争更是如此；等过关斩将正式工作了，已经比其他行业的人晚了十年八年；而其工作对行头、社交和排场的要求又比较高，所以相关的开销也大；加上平时工作压力大，没有时间进行个人理财，又因为需要打理家庭，家里的另一半很多不工作，但却为了维持排场、无法削减开支；同时竞争激烈的职场使得维持工作不易，年纪大了可能面临裁员的命运。所以，很多人只是表面光鲜罢了。

这个偏误也会影响人们的投资决策。如果问人们炒股是否赚钱，可能会听到截然不同的答案。人们根据个人经历或者印象中亲戚朋友的故事来判断，一般来说，多是比较夸张的例子，或者在近期发生的事情在大家脑海里印象更深，因而更容易回想起来。

一些精明的商家和基金公司，也会利用人们的这个弱点。比如在目标人群注意力更集中的地方更频繁地使用广告，用容易引起人们共鸣的故事做营销，只宣传少数几个业绩特别好的子基金，当投资人想买某一类型的基金而又没有时间和精力深入调查的时候，自然就想到他们，成了他们的客户。

对个人投资人来说，广告的作用是巨大的。由于个人精力有限，不可能对世上存在的事物一一进行研究，那么就是那些有广告轰炸的公司拔得了头筹。

对新闻事件的过激反应（Overreaction）也涉及易得性偏误。当一个新消息出来，各大媒体都在报道，这样人们就更容易搜索到此类新闻。相关的利好信息越多，人们的过激反应越大，就越可能出现泡沫。刚刚经历了股灾、萧条的人们可能更加不愿踏入股市。一朝遭蛇咬，十年怕井绳。那个记忆还非常深刻与生动。

易得性偏误也会影响我们的保险决策。如果我们只注意容易看到的事件，自然就会忽略小概率事件，如果不针对小概率事件进行一些适当的防护，可能会造成灭顶之灾。在投资中也类似，只看到容易看到的事件，其反面就是忽略了不容易看到的风险，即小概率事件，因而没有防患于未然，更容易在市场反转的时候损失惨重。

是金子总有一天会发光的。但反过来说，闪光的可不一定总是金子！

◀ **概念解析** ▶

易得性偏误（Availability Bias）是人们做决策时常用的一个经验法则：人们往往根据手头上已有的或容易获得的，或容易回想起来的信息来下定论，他们想当然地认为这些信息所代表的可能性更高，但是忽略了这些信息以及它们所表现出来的规律是否准确。

近期偏误（Recency Bias）指人们倾向于以自己记忆中最近的历史经验和趋势判断未来。某种意义上，这是易得性偏误的一种，因为最近的经验往往是印象最深刻的，也是最容易回想起来的。

盲人与大象

盲人摸象的故事大家耳熟能详。盲人对大象的认知起始于他们的手恰好碰到大象的哪个部位：碰到鼻子的，认为大象长得像个杵；碰到耳朵的,认为大象长得像个簸箕;碰到背的,认为大象长得像张床;碰到尾巴的,认为大象长得像条绳子。视力健全、能看得见大象全貌的人,自然知道大象长什么样,但这群摸象的盲人从各自的出发点只能收集到非常有限的信息,从而争论不休。

对于金融市场这头大象,我们何尝不是试图了解它的盲人? 由于金融投资的一个特征就是未来是不确定的,那么各种观点都有存在的空间。雪上加霜的是,我们还有加深自我偏见的倾向。当已经有了某种既定的观点后,我们就只关注可以支持这个论点的论据了,所以偏见越来越深。这里反映出的正是两个行为经济学中的偏误:锚定与调整偏误(Anchor and Adjustment Bias)和验证性偏误(Confirmation Bias)。从各自观点出发的傲慢,与只掌握部分信息而形成的偏见,妨碍了人们的互相理解与交流,使事情的真相掩埋在莫衷一是之后。如果不时刻提醒自己有可能在评估形势时出错,加上凡事都往好处想的倾向,我们很容易被虚假的承诺所迷惑。

具有讽刺意味的是,当你为一个公司工作,多半是因为对这个公司或行业的前景有信心。当你投入了很多的人力、物力(尤其是在初创公司),你的认知偏误便会让你找到更多能支持你既定信念的论据和数据。只是若换成一个局外人来看,可能完全是另一番景象了。

◀ 概念解析 ▶

锚定与调整偏误(Anchor and Adjustment Bias)简单来说就是以现有的某个信息作为出发点来做判断或做决策,但这个信息可能不够准确或者没有太大根据,而之后根据新信息来做出的调整的幅度往往又不够大,使得决策受这个无根据的锚定点的影响很大。

一个生活中常见的例子就是在自由市场上讨价还价的时候,或者谈判的时候;最初提出的价格或条件往往被人们无意间作为根据,最后的成交价或谈判结果很大程度上受了这个最初的基准的影响。

除了正文中提到的投资人理财的心理预期回报设定,在投资中常见的例子还有,股民买股票时的心理价位设定,这个价位可能和当前该股票的基本面无甚关系,只是过去的某个历史价格,或是媒体上某个评论员随便提到的价格,或者仅仅是同事或朋友推荐的价格。甚至整个股票市场的定价也因为锚定效应而表现出一种对新的基本面信息的反馈不足。

验证性偏误(Confirmation Bias)指的是一种选择性看事物的思维方式,只强调那些支持既定假设的想法与证据,而忽略那些相反的事实。这样一来,随着时间的推移,偏颇地选择的证据越来越多,一个即使是错误的假设也被错误地验证了。

事后诸葛亮

1972年2月21日,美国总统尼克松抵达北京,受到周恩来总理等中国领导人的欢迎。借此契机,特沃斯基(Tversky)和卡尼曼(Kahneman)设计了一个决策试验,在尼克松访华前,美国的试验参与者被要求判断几项议题能否达成;尼克松回国后,试验参与者又被要求回忆自己之前的选择。试验结果表明,参与者回忆里的选择和事实更接近,而他们事前的真正判断却没有那么接近事实。2001年美国911事件发生以后,人们认为在911之前,指向灾难的种种信号看起来非常明显,所以当时的美国小布什政府受到了很多指责,而没有看到这些预警的美国联邦调查局(FBI)更被贬为"笨蛋"。但是要知道,在911之前的6年中,美国联邦调查局的反恐机构中有将近七万件事情毫无头绪,能够指向911的信息只是沧海一粟罢了。这两个事例都指向人们决策中的后视偏误(Hindsight Bias),用通俗一点的话来讲,就是"事后诸葛亮"。后视偏误指的是人们的一种倾向:在事情发生后,人们错误地认为他们当初准确地预测了事情的结局。这个偏误会影响人们对未来的判断,会使上一回合恰好运气好的人被吹捧成料事如神,而恰好倒霉的人面临不公平的指责。

在经济学家研究这个问题之前,最常受到这个偏误影响的恐怕是历史学家。有种说法是历史书不可靠,全看如何解读。当事情发生后,不同人的解释可能完全不一样。由于人们有重新解读历史的倾向,因此历史学中很重要的一点就是史实的记录,越客观越好。因为如果让经历过历史事件的人事后口述历史,可能会有很多不同的版本,当事人演绎历史时会不自觉地进行加工,会站在各自的角度说话,给自己打上更美的光芒。在做金融决策时也是同样的道理,尤其是如果你想从原来的错误中学些东西,或者只是想公平地评估一下多少是人为因素、多少是不可控力,利用我们上一章提到的彼得·林奇的事实推理记录法是非常有必要的。否则,如果我们原来只是运气不好,"事后诸葛亮"偏误会让我们产生一些不必要的懊悔,会不利于我们的身心健康。反之,这个偏误会加重我们过于自信的倾向,会不利于我们的投资健康。

◀ **概念解析** ▶

后视偏误(Hindsight Bias)指的是人们在事情发生后,根据已经发生的事实,倾向于错误地认为自己在事情发生前就可以预测或者预测了这个事件。其实事情发生前,想要预测到底会发生什么是很困难的,芜杂的信息往往不能令我们给出一个有效判断。但是事情发生后,找到和事情的结果相关的信息却很容易,所以人们往往歪曲了记忆,甚至认为自己事前就可以给出有效的判断。

总 结

在这一章我们讲了许多预测未来时会产生的偏误。而在金融投资时,很多时候都是赌未来。由于未来还没有发生，我们必须在当下对未来做一个判断，这时候就有一些概率或统计相关的东西在里面了。而人们的大脑在解决这类问题的时候，通常都会走一些捷径，比如"小数定律""代表性法则""易得性法则""锚定法则""确认性法则"等。在我们需要做出快速判断的时候，这些捷径也许会帮我们一点忙。但是，捷径往往把我们引向了岔路。所以，我们不妨慢一点，多想想，来克服一下这些倾向。

▶ 风险是什么？

▶ 可知的风险与态度

▶ 不可知的风险与态度

▶ 风险与回报

风险是什么？

做金融投资，必须对风险有一个清醒的认识。风险是什么？变化，波动，未知，不确定。在第三章中我们提到，金融投资多半是有风险的，一只股票的价格波动性越大，其代表的风险就越大。在这种情形下对未来做出判断和预测是非常困难的。

一般来说，风险可以分为两大类。一类是可以了解的或者可以量化的风险。比如在一个成熟稳定的经济体中的一些经典百年老公司的股票，它们的价格会有波动：我们并不确知下一秒的股价、今天的收盘价或者明天的开盘价。尽管这些股票是有风险的，但是由于过去有很长一段历史，我们对它们的波动性有一个大致的了解。从数学上来讲，我们大概可以根据历史经验，用一个概率分布模型描述这个风险。这个分布模型的方差越大，风险就越大，但这个风险是可度量的。还有一类是不可知或者不能量化的风险，这个概念最先是由法兰克·奈特（Frank Knight）在20世纪20年代提出的，所以又叫作奈特不确定性（Knightian Uncertainty）。它可能体现于一个新兴行业，比如移动互联网；一个知之甚少的领域，比如大数据；又或者一个监管不太得力、信息不太透明，甚至有着暗箱操作的市场，比如发展中国家的股票市场。为了和普通的风险（Risk）区分开来，学术界为这种情形起了个专门的名字叫"模糊/不透明"（Ambiguity）。也就是说，不确定的情况可以分为两种：一种是可以了解的不确定性，我们把它叫作风险；一种是不能了解的不确定性，我们把它叫作模糊或者不透明。

可知的风险与态度

人们对风险持有何种态度？是害怕，无所谓，还是喜好？从神经经济学（Neuroeconomics）的角度，风险或者不确定性会引发人们一系列不愉快的情绪反应，比如害怕、后悔、焦虑、紧张等。为了避免这种反应，人们通常是规避风险的。这种行为在经济学中被称为风险厌恶。但是也有人表现出对风险无所谓，或者是喜好的态度。同一风险环境可能引起人们不同的感受，而同一个人在不同环境下对风险的感受可能也不同，而对风险环境的感受和认知又会影响风险态度。

【自我测评】

假设这样一个场景，你手上有1万元钱可以投资，恰巧有这样一个有风险的投资机会：它有50%的可能性成功，如果投资成功了，就给你两倍于你投资金额的回报;比如说你投入 1 万元,就给你 2 万元。而如果投资失败,你的投资就打了水漂,也就是说你投入的 1 万元就都亏进去了。你是否愿意投资呢?

在这种情况下,大多数人是不愿意投资的,他们选择把这 1 万元钱攥在手里,这就是风险厌恶的行为。如果一个人无所谓投资或不投资,我们称他为风险中性。如果即使在投资项目成功后返还的金额小于 2 万元,他都愿意投资,我们称他为风险喜好者。对风险的厌恶态度解释了人们为什么会有保险的需求。很多人宁愿牺牲一点金钱(交付保险保费),来保持一个确定的回报(保险给付)。也有人对风险采取的是喜好的态度,比如为什么有人要去赌博,有人要买彩票,有人要创业? 总的来说,赌博、买彩票或创业预期一定是亏钱的,不然赌场和彩票机构哪里来的钱运营下去呢? 不然为什么国家需要花力气去鼓励创业呢? 但是有人宁愿在总体上亏钱的预期之下,抱着赢一大票的心态来以小博大,这就是风险喜好者的行为。所以我们也可以这样总结:给定一个赌局,风险厌恶指的是人们更喜欢这个赌局的期望回报,而风险喜好则是指人们更喜欢这个赌局本身。下面的两张图表用经济学中的效用函数曲线的方式分别描述出了风险厌恶和风险喜好这两种不同的风险态度。

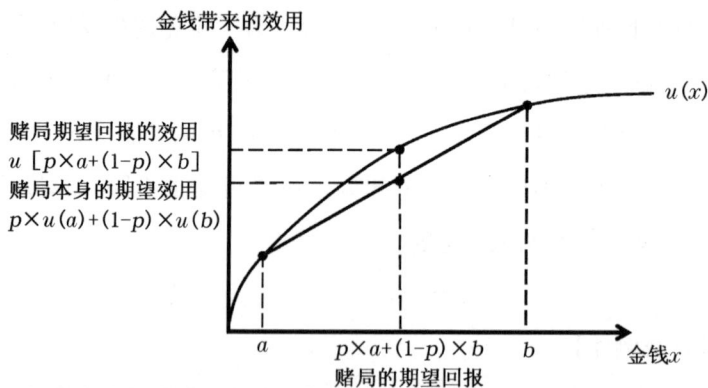

风险厌恶

金钱带来的效用

$u(x)$

赌局本身的期望效用
$p \times u(a) + (1-p) \times u(b)$
赌局期望回报的效用
$u[p \times a + (1-p) \times b]$

a　　$p \times a + (1-p) \times b$　b　　金钱x

赌局的期望回报

风险喜好

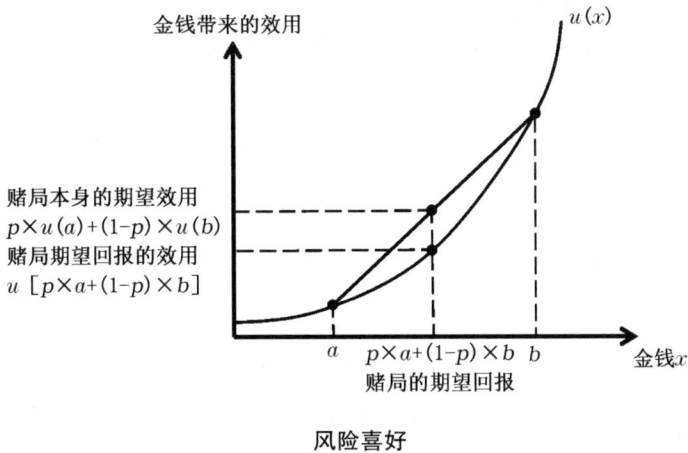

　　了解自己的风险态度并不是一件很容易的事情。首先,同一个人在不同的场景中可能持有不同的风险态度,比如一个人可能非常喜欢参与极限运动,但是在投资上却非常保守,所以我们要注意自己评估的到底是哪一方面的风险态度。第二,即使我们将场景局限在金融投资领域,也并没有一个统一的量表可以辅助我们准确地测量风险态度。学术界目前研发出来的调查量表可以把人们对风险的态度大致按我们提到的中性、厌恶和喜好分类;量表还可以测出一个人是否比另一个人更加厌恶(或喜好)风险。但是,这种风险厌恶(或喜好)的程度具体高多少,还没有非常准确的测量手段。而且,这些测量的结果是不稳定的,可能隔了一段时间,同一个人回答同样的问卷,答案却发生了变化。这从另一个侧面说明一个人的风险态度不是一成不变的,可能某个情绪、某个事件、某些知识、某些信息会改变一个人的风险态度。当然如果只是短期的改变,这个态度有可能回归常态,但也有特别重大的事件会永久地改变个人或者群体的风险态度。1929～1933 年的大萧条后,曾有经济学家、政治学家和历史学家从各自的研究领域不约而同地指出:大萧条时期成长起来的那一代人的行为模式及风险偏好是特殊的,因为他们的独特经历改变了他们的风险态度。或许在未来,收集到足够的数据之后,研究者们便能了解 2008 年后世界范围内的金融危机是否改变了这一代人的风险态度,那时我们可以对这个课题有更深刻的认识。事实上从当前美国资本市场的表现,我们也能看出些许端倪:2008 年之后投资者的焦虑情绪普遍加深,对波动的敏感度也更高了。

很多时候,一个人主观的风险态度和他客观的风险承受能力并不匹配。一个人可能在年轻需要适当接触风险的时候,主观上却非常惧怕风险;另一个人可能在年老需要财富保障颐养天年的时候,主观上却非常喜好风险。随着一生境遇的变化,人们天生的风险倾向也可能和财富水平产生背离。因此人们在对自己的主观态度有一个认知的基础上,还需要对自己的态度有一定的管理。尽管风险态度与生俱来,但是一个人的经历、经验、学习或训练都有可能改变这个态度。本书第二部分会就此进行更详细的讨论。

假如人们的风险态度是稳定的、一成不变的,我们就可以设计一个简单的风险态度量表,让人们回答几个问题,然后直接用计算机程序算一下,最优解出来了,照着这个解答来就行了。事实上这也是美国最近兴起的机器人自动理财师了解客户的基础之一。由于它们的普惠性,很多中小投资人得到了相对高端的服务;而且对于比较了解自己又乐于主动学习的自助型投资人,这是一个非常好的选择。但是由于人们风险态度的不稳定性和多变性,人们往往不太了解自己,而且我们刚刚也提到有研究表明风险量表的结论不是非常准确,所以机器人理财师对投资人的了解不应该是一劳永逸的,它们采用的量表应该随着时间和情况而变化,也就是说机器人理财师也应该持续学习和提高,以便更好地了解投资人。还有一种比较好的做法可能是机器人与真人理财师相结合的方式。如果投资人有更多的本金资源,不妨聘请值得信赖的、有经验并且高水平的财务顾问,当然他们的收费可能更加昂贵,不过从面对面的交流细节中,好的财务顾问可以根据他们服务过的类似客户的经验,帮助你发掘出更加真实的风险态度,也可以根据他们掌握的较全面的信息,针对你的风险态度做一定的管理和指导。

不可知的风险与态度

上一节我们提到,在有足够多的经验及数据后,风险可以近似地被估计出来。尽管在真正尘埃落定之前,最后的结果仍是未知的,但我们至少可以算出各个结果的概率有多大,然后采取一定的风险规避手段,比如保险、对冲等。但是还有另外一种风险更加难以琢磨,它是不能被估计、预测或描述的。事实上,我们在真实世界里面临的很多风险都可以归为这一类。学术界给了它不少名字:奈特不确定性(Knightian Uncertainty),模糊性/不透明(Ambiguity),不可知的未知(Unknowable Unknown)。一般来说,人们更加不喜欢这种风险。如果有两个投资项目,它们的预期回报相同,但是一个风险已知,另一个风险未知,投资人一般会选择投资那个风险已知的项目。下面的自我测评用两个赌局来模拟这两个投资项目。

【自我测评】

投资项目一,可能成功,可能失败,不过这个风险是已知的,即五成的成功率。这个投资可以用赌局一来模拟:桌上有一沓 100 张的扑克牌,里面有 50 张红的、50 张蓝的。如果抽出一张蓝的,那么这个投资就是成功的,否则失败。

投资项目二,有着未知的成功率。我们用扑克牌赌局二来模拟:这沓扑克牌仍有 100 张,但是这回我们不知道里面有几张红的、几张蓝的。你先选一个颜色,红色或者蓝色均可,由你喜欢,然后再从这沓牌里抽出一张,如果恰好和你当初选的颜色一样,你就赢了,投资成功,否则失败。

请问你更愿意选择投资项目一还是项目二?

这两个赌局放在面前,大多数人会选择第一沓已知红、蓝牌各 50 张的赌局。其实,第二个赌局的期望回报和第一个赌局一样。这说明人们在第二个赌局面前,多多少少会觉得不自在,所以大多数人表现出来的是对这种情形的"敬而远之"。在现实生活中,这种对模糊状况的规避体现在很多方面:比如人们一般不愿向外国、外省的企业,新兴的行业,以及自己不了解的领域投资,而只愿向本土、本国的企业,传统行业,以及自己从事的专业领域投资。所以这种现象也被称为本土偏误(Home Bias)。投资人往往认为,投资在自己最熟悉的领域,比如自己供职的公司,风险最小;而投资到不熟悉的领域,比如国外的股票市场,风险最大。但事实恰好相反,已经向公司注入了相当大的人力资产,再追加资本投资,投资人所面临的风险并没有得到改善;而国外的股票市场和本国、本行业、本人的相关性比较小,倒是可以降低投资人的风险敞口。

上一节我们曾提到人们的风险态度是可以测量的,推而广之,我们也可以测量人们对模糊/不透明情形的态度。通过比较人们分别在前景模糊和普通风险的情形下投资的不同金额,我们可以测出每个人对模糊前景的态度。利用这个量表,笔者在与其他学者合作的研究中发现女性比男性更厌恶模糊的前景;中国股民是最不惧怕模糊性的,甚至是喜好这种情况的。为什么会出现这种有趣的现象呢? 这可能和中国股市及股民的特殊经历有关。中国的股票市场相对不透明,并且历史较短,很多时候的确不容易看清楚,而愿意在这样一个"迷局"里搏上一把的,可能正是对这种不透明性有一定容忍度的一群人。

在不可知的情形下,由于不能计算和评估风险,人们对这种模糊程度可能会形成自己的一个看法:像雾,像雨,还是像风? 这个看法是很主观的,有人可能感觉他们看得更清楚,有人可能觉得更模糊。自认为看得更清楚的投资人当然更愿意下注。所以研究人员也把这一现象总结为能力效应(Competence Effect)。希斯(Heath)和特沃斯基(Tverskey)的研究发现，面临模糊的前景时，人们的决策有赖于他们主观判断中自己的能力水平。当人们觉得自己有相关的技术和知识时，他们倾向于投资到模糊的前景中去，而不是另一个有着相同期望的但是风险已知的前景，因为他们相信，在自己似乎更有能力与自信的领域，他们更有可能预测出结果。这也从一个侧面解释了为什么人们会出现本土偏误，会更愿意投资到自己所在的行业、城市和国家。可能他们自认为有一些信息、专业和能力优势，所以能看得更清楚，或者可以抓住成功概率更大的机会。这样一来，一个直接的后果就是没能使投资组合得到充分有效的多元化。另一方面，当主观意识起作用时，人们更依赖于直觉(Gut Feeling)，尽管是一条捷径，但使决策更加易变，也更加受到情绪和其他行为偏误的影响。笔者与合作者的实地实验经济学研究发现，股票投资人的焦虑情绪，不管其起因如何，是否和当天的交易有关，都会使投资人更加厌恶模糊的前景。另外，我们在第二章中谈到的与自我认识相关的偏误也会来搅局，比如妄想思维、乐观主义等。这在由新兴技术或新生事物所造成的模糊情形下尤为突出。比如，伴随着"划时代的突破""前所未有的新繁荣""史无前例的金融创新""颠覆一切的互联网新时代"等说法的流行，人们的投资信心往往会出现毫无根据的膨胀，表现出对不可知情形的追捧。这也是在新技术、新形势或新生事物出现的情形下，泡沫特别容易产生的原因之一。有时候，模糊前景加上过于自信等其他行为偏误，使得投资人承担了过多的风险，遇上或间接地造成小概率事件后，后果不堪设想。这也是所谓的"黑天鹅现象"。大家可以参考下文的深度阅读和美国长期资本管理公司(LTCM)的经典案例。

◀ **概念解析** ▶

本土偏误(Home Bias)反映的是很多投资人或机构只持有很少的外国股票，尽管理论上讲投资分散到国外会对投资组合的整体风险和回报有好处；更深入来说，是指人们出于对不熟悉或模糊前景的厌恶，而不愿向外国、外省的企业，新兴的行业，和自己不了解的领域等投资。具体实证数据请参见本章最后的相关研究。

▲▼ 深度阅读 ▼▲

《黑天鹅：如何应对不可知的未来》(The Black Swan：The Impact of the Highly Improbable)是纽约大学教授、风险专家及前交易员塔勒布(Nassim Nicholas Taleb)在 2007 年出版的畅销书，该书被译成了超过 30 种语言，在世界范围内影响颇广。书中提到：在发现澳大利亚的黑天鹅之前，欧洲人认为天鹅都是白色的，"黑天鹅"曾经是欧洲人言谈与写作中的惯用语，用来指代不可能存在的事物，但这个不可动摇的信念随着第一只黑天鹅的出现而崩溃。黑天鹅的存在寓意着不可预测的重大稀有事件，它在意料之外，却又改变一切。人类总是过度相信经验，而不知道一只黑天鹅的出现就足以颠覆一切。然而，无论是在对股市的预期，还是政府的决策中，黑天鹅都是无法预测的。人们通常的行为就好像这种情况并不存在，而该书作者认为：我们的世界正是由这些极端、未知、我们以为不可能的事件决定的；而且正是由于人类的发展和知识的增长，我们的未来可能会愈加难以预测。

【经典案例】

成立于 1994 年的美国长期资本管理公司(LTCM)的名字曾经在华尔街如雷贯耳，在高峰期，这个对冲基金的资产一度超过一千亿美元。在它的高管队伍中，有世界一流的交易员，有前美联储副主席及副财长，有名校教授，还有两位诺贝尔经济学奖得主莫顿(Robert Merton)和舒尔茨(Myron Scholes)。在基金成立的头三年，它的年回报率一度超过 40%。但是在最后一年内，它的资本从 47 亿美元跌到了 3 亿美元，濒临破产边缘。

LTCM 的奠基人是"债券套利之父"梅里韦瑟(John Meriwether)，他开创了用数学模型找出不合理定价债券的先河，进行套利交易后持有，等价格回归正常后再卖出获利。他找来绝顶聪明的名校教授及诺贝尔经济学奖获得者坐镇基金,指导模型与投资策略。尽管有一些对 LTCM 质疑的声音,比如过分依赖完全理性市场的假设,没有考虑到极端情形,没有考虑到真实世界里价格可能会发生突然的跳变等因素;但是 LTCM 内部人员过于自大和自信,不但没有引起重视,反而加大了杠杆,并且为了找到更多的套利机会,他们涉足了自己更不熟悉的股票套利、掉期交易、波动率及国际市场等领域。投资者们也被他们的光环吸引,认为这些"天才"们找到了对冲交易的秘密,趋之若鹜地将钱送给他们管理,以至于 LTCM 不得不将 27 亿美元的资金退回给投资人,因为他们实在找不到合适的投资标的了。

1997 年,始于泰国的亚洲金融危机波及了俄罗斯。在全球性恐慌下,投资人的情绪发生了变化,银行纷纷抛售流动性差、风险大的投资品,而转投国债等更安全的产品,从而造成了利差的加大。美国市场的波动性开始增加,LTCM 的每个策略都在亏钱。到了 1998 年上半年,LTCM 经历了它成立以来最差的表现:14% 的损失。这时 LTCM 账面上仍然有将近 1 300 亿美元的资产,但人们并没有看到近在咫尺的真正危险。1998 年 8 月,俄罗斯拖欠债务。3 天后,全球资本市场普遍下跌。无论头寸如何,投资者开始全面撤出。LTCM 一天内就跌去了 5.53 亿美元,一个月内跌去了 20 亿美元。尽管他们仍坚信资产价格最终会回归正常,但不得不开始出售证券止损,但是当时没有人愿意买,尤其还是这么大的头寸。

几个星期后,LTCM 造成的风险敞口超过 1 000 亿美元。由于无法预估 LTCM 破产对经济造成的影响,最后在一片争议声中,美联储联合华尔街的大银行出资 36.5 亿美元救助了 LTCM,这也是一桩"大而不倒"的案例。

这里涉及了几处模糊前景的情况,比如在前景模糊的情形下,投资人更容易被光环吸引,不知不觉将这个考虑到判断当中去,而没有深入研究 LTCM 的策略是否合理。

最后,各大银行决定对 LTCM 实施救助,其实这也是在不确定或模糊前景下的一种表现，因为大家都不清楚潜在的后果有多大。由于害怕这种情形，大家决定保险起见，出手救了 LTCM 再说。具有讽刺意味的是，尽管这次 LTCM 造成了巨大的损失，它的创始人和高管们后来又成立或加入了新的对冲基金，某种意义上还在用投资人的钱进行"豪赌"。

风险与回报

一般来说，风险和回报是相辅相成的。在第二章的后半部，我们曾讨论过在充分竞争的金融市场上，没有白捡钱的机会。想要得到回报，一定得付出点什么。预期的平均回报越大，相对应的风险就会越大。如何尽量减少风险又最大化回报呢？答案是将投资组合充分地多元化。构建投资组合时常见的一个错误是将投资过于集中在某几种股票或资产类别，或者只是投资邻近的或熟悉的股票或行业。这恰好违背了"不要将鸡蛋放进同一个篮子里"的理念。要想减少投资组合的风险，不仅要将鸡蛋放到不同的篮子里，而且要充分地认识这些篮子的风险，以及它们之间的相关性。一般来说，同一个地区或行业的股票间的相关性比不同地区或行业的相关性高；同理，同一个国家的股票比不同国家的股票间的相关性更高。在投资组合中加入相关性较低的股票可以使投资组合的表现更加稳健，不至于因为单个外部因素的改变而使所有的资产缩水。不过知易行难，从下文的相关研究中我们看到，投资人尤其是散户的投资组合是相当不分散的，或者呈现出的是一种不明智的分散。

有什么直观的评估风险和回报的办法呢？金融学中有一个概念叫作夏普比率（Sharpe Ratio），它由诺贝尔经济学奖得主夏普（William Sharpe）于 1966 年提出，度量的是投资的超额收益率（收益率减去无风险利率）与波动率（投资的标准差）之比。前面我们提到，波动是一种度量风险的方法,那么夏普比率度量的就是一种风险调整后的回报,又可以理解成每个风险单位上的回报率。如果两个投资项目的风险非常不同,选择夏普比率高的那项投资通常是明智的。夏普比率的算法比较简单,所以它的应用很广。但是它也有局限性,比如其计算公式里的波动率是用标准差代替的,这需要对投资品的分布曲线有了解,通常假设为正态分布/钟形曲线(Normal Distribution/ Bell Curve)。但是,如果实际的分布是肥尾(Fat Tail)形,极端情形出现的概率比较大,那么夏普比率就不能很好地计算风险。如果分布不是对称的,比如很多对冲基金的回报表现为很多较小的正回报加上一个极端损失,这样算出的夏普比率也会很高,比如上节提到的LTCM,在垮掉前夕它的夏普比率仍然高达 4.35。事实上,更常见的情况是,我们根本无从得知一项投资的分布曲线。

具体到每个投资者个人,有什么更实用的控制风险和回报的办法呢?这恐怕需要投资人问问自己:"我从投资不确定的未来中希望得到什么结果? 我愿意并能够承受多少损失,来换来多大的潜在回报?"了解了自己对风险和损失的承受能力,才能"对症下药",找到最适合自己同时回报最大的投资组合。结合下一章和第二部分的第八、十一、十五章,大家可能会有更深的理解。

▼ 相关研究 ▲[①]

世界各国的个人投资者的资产组合都没有逃脱不分散这个弱点。一项针对美国某家大型券商的散户投资者的研究表明:其中30%左右的人只持有一只股票,20%左右的人只持有两只股票,10%左右的人持有三只股票。学者朱宁在我国台湾地区的研究发现,30%左右的台湾投资者只持有一只股票,如果投资者在某上市公司工作的话,该公司股票在其投资组合中所占比例大概是一半左右。研究者对瑞典等北欧国家的问卷调查显示:散户投资者一半以上的

① 这部分内容与数据来自于朱宁:《投资者的敌人》,中信出版社 2014 年版。

资金投资在单只股票上。

根据对个人信息比较完备的芬兰的研究表明,在高科技行业工作的芬兰投资者更有可能购买高科技领域公司的股票;在能源类行业工作的投资者更倾向于购买能源类企业的股票;如果该投资者在上市公司工作,其投资组合中本公司股票和公司所在行业的比例会大大上升。同时,芬兰的投资者倾向于投资在离居住地比较近的上市公司。例如,居住在芬兰南部的投资者倾向于投资总部也在芬兰南部的公司,居住在芬兰北部的投资者倾向于投资总部也在芬兰北部的公司。但是,这种基于职业或地域的投资策略,其实并不能够给投资者带来更高的收益。中国国内散户投资者不仅对离自己居住地近的公司更有感情,而且对离自己近的交易所和在这个交易所上市的公司也会有明显的偏好。17%的上海投资者根本没有投资过在深交所上市的股票。19%的深圳投资者根本没有投资过在上交所上市的股票。

在国际资本市场上进行多元化投资时,理论上讲,假设没有资本管制等因素的影响,不论投资者来自哪个国家,他们持有的投资组合应该是类似的,各大指数基金和 ETF(交易所交易基金)提供了很好的国际多元化投资的工具。但是各个国家的投资者持有的组合中,自己国家的股票保持在了 80%～90%。

美国研究者发现投资者在养老金投资过程中遵循一种简单的"1除以 N"法则,也称"1/N 的简单多元化"法则。投资者的决策很大程度上受到养老金投资公司所提供的备选产品的影响。这间接表明投资者在资产配置方面几乎没有任何明确的想法。

总之,种种迹象表明,投资者并没有理解如何正确地分散风险。

第五章

我们不想输却输掉了最优投资组合

▶ 我们只想赢却输不起

▶ 百万元的桑塔纳和十年不入市

▶ 一成不变与秉承传统

▶ 朝三暮四与朝四暮三

我们只想赢却输不起

假设这样一个场景：闲逛时你看中了两件各1 000元的衣服，当天没带钱所以没买，第二天带了钱到店里发现一件衣服涨价变成了1 200元，另一件打折变成 800 元了，你还愿意买这两件衣服吗？很有可能你就只愿买那件 800 元的衣服，而不想要那件1 200元的衣服了。但是实际上这两件衣服加起来还是2 000元，和前一天不是一样吗？但是第一件衣服让你亏了 200元，引起了你的不快；第二件衣服让你赚 200 元所带来的满足感却不足以弥补第一件衣服亏钱造成的不快，所以你决定不要第一件衣服了。这个日常的场景所反映出来的心态，古罗马哲人早在两千多年前就总结过——"坏事对人的触动远大于好事"。这个规律在一定程度上还可以解释为什么在成为富人后,有些人却更加不快乐了。因为失去财富的痛苦大大超过了他们获得额外财富的喜悦,所以拥有很多的富人反而容易受财富所累,成为身外之物的奴隶。

那么在现代的、有风险的金融市场中,情形如何呢？让我们先做一个自我测评吧:

【自我测评】

你面临如下选择:

A.80％的机会赢得 4 000 元,20％的机会一分钱也得不到。

B.获得 3 000 元。

请问你觉得哪个更好?

你面临如下选择:

C.80％机会失去 4 000 元,20％的机会一分钱也得不到。

D.失去 3 000 元。

请问你觉得更能接受哪个?

在第一个问题中,大多数人选了 B,尽管 A 选项的期望回报是 $4 000 \times 80％ + 0 \times 20％ = 3 200$ 元,比 B 选项中的 3 000 元要多,但因为 A 有风险,所以人们觉得无风险的 B 更好。但是到了第二个问题,大多数人却选了 C,C 的期望回报是 $-4 000 \times 80％ + 0 \times 20％ = -3 200$ 元,比 D 选项的 $-3 000$ 元更差,而且 C 的风险也更大,这说明在损失的情况下,人们是喜欢风险的,因为这时风险给人们提供了 20％ 的机会不受损失。类似的例子,经济学家们还发现了不少,这下经济学家工具箱里的期望效用函数就失效了——它无法解释人们对待风险态度的变化。1979 年两位心理学者卡尼曼和特沃斯基发表在顶级经济学期刊的文章中提出了前景理论(Prospect Theory),颠覆了经典金融理论中仅仅以风险态度定义的理性人,描述了一个厌恶损失的不理性人。比起期望效用理论,前景理论往往可以更有力地解释和预测投资中的行为和现象,所以被广泛接受,已然是行为金融学中最重要的理论基石。简单来说,这个理论指出人们在面对有风险的决策时分两步走:第一步是整理、归纳和简化各项待定决策可能带来的不同的前景,把它们放进收益或者损失的框架内。第二步是评估这些整理好的前景并且做出最终决策,即选择那些能带来最大预期前景值的决策。值得注意的是收益带来的是正价值,而等量损失带来的是两倍以上的负价值,所以这一理论又被称为损失厌恶理论。如果我们拿笔算一下,就会发现,在收益的象限内一个人表现出的是常见的厌恶风险的行为,也就是说,他会更喜欢赌博的期望回报,而不喜欢该赌博本身;但是在损失的象限内,他表现出的是喜好风险的行为,也就是说他会更喜欢赌博,而不愿接受该赌博的期望回报。提出前景理论的学者卡尼曼和特沃斯基用下图中的一个类似 S 形的曲线描述了人们的偏好。

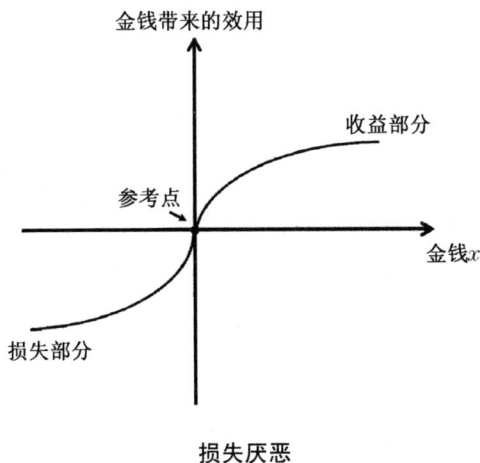

损失厌恶

设置某个起始参考点,如果回报大于这个参考点,会被人们当成收益;如果回报小于这个参考点,则被当成损失。在图中,收益部分的效用曲线是向上凸起的,代表人们是厌恶风险的,正如我们在第四章中看到的,这是大多数人在有风险情况下的正常表现。而损失部分的效用曲线是向下凹的，和收益部分正好相反，说明人们是喜好风险的。曲线在参考点处有一个折点，说明在收益和损失部分，效用是不对称的，损失部分较大的斜率表明：由损失造成的对人们效用的负影响大于同等收益带来的正影响。

人们在评估投资时，自行将不同的投资前景放在收益和损失的框架内，而二者的差异又如此之大，所以人们界定收益和损失的参考点也变得非常重要，对人们的最终决策造成了很大的影响。

很多人在投资股票时会将购入时的股票价格作为参考点，这就是我们常说的心理价位。这种选参考点的方式被称为现状效应（Status Quo Effect），我们稍后再讨论。当一个投资者多次购入同一只股票时，他也有可能将几次的购入价综合起来考虑，形成一个统一的"参考水平"。用购入价作为参考点，如果购买的股票价格下跌，由于厌恶损失的影响，很多人不愿卖出浮亏的股票，因为一旦实现了亏损，就带来了负效用，造成了痛苦。这样一来他们捂着"套牢"的股票，舍不得"割肉"，直到有一天股票终于解套了，就马上卖掉，生怕再经历一次套牢的煎熬。这种行为被行为金融学者斯塔特曼（Meir Statman）和谢夫林（Hersh Shefrin）称为处置效应（Disposition Effect），就是说损失厌恶会造成投资者紧紧抓着亏损的投资（反映出风险喜好行为），而过快地抛掉盈利的投资（反映出风险厌恶行为）。这种行为最直接的后果是严重减少投资者的回报，限制投资组合的增长空间；还有一个更隐蔽的后果是，如果你让某些股票深跌而不做任何补救的话，你的证券组合从风险层面上来讲可能不再合理，因而不再适合长期持有。

参考点的选择有时也会受到关注投资的频率的影响。让我们先来看看股民老张的心路历程：老张以每股 30 元的价格购买了某只股票，不巧股市进入了一个"下行通道"。假如老张每天都会查看一下他的股票，第一天价格从 30 元跌倒了 27 元，对于老张 30 元的心理价位来说，他觉得亏了，不卖，同时他的心理价位调到了 27 元。第二天股价从 27 元跌倒了 25 元，对于他 27 元的心理价位来说，还是觉得亏了，不卖，同时他的心理价位调到了 25 元。第三天,股价小有反弹,从 25 元反弹到 26 元,老张马上把手上的股票抛掉了,因为对于他的 25 元的心理价位来说是有赚头的。第四天,股价涨到了 28 元,第五天股价继续涨到了 30 元,老张"踏空"。总的来说,老张赔了将近 15%。如果老张"懒一点",在以 30 元购买了股票后,过了一周才第一次查看他的股票,由于股票价格仍是 30 元,他既不用经历这些心理煎熬,也不会亏钱。我们看到老张关注股票的频率过高,造成了他的参考点的不断变化,对他的投资回报行为有了负面的影响。更糟糕的是,有些庄家深谙散户股民的这些心理特征,不断打压股价诱使他们低价出货,老张可能正好上了套,在最低价出货,望股兴叹。如果老张经过这一役,心灰意冷,有可能决定再也不碰股票或各种有风险的投资。老张的这种行为可以归类为短视的损失厌恶(Myopic Loss Aversion),往往造成交易过频,徒增交易费用和税费,并且使得回报低下。

行为金融学家奥丁(Terrance Odean)曾经做了一个非常有影响力的研究,他找到了一个拥有一万多个个人投资者账户的数据库,分析了这些散户的将近百万次的交易信息,发现他们的确不愿意卖出浮亏的股票,而会将赢了一点的股票马上出手。这个研究提供了处置效应普遍存在的有效证据。不光是证券买卖,学者们也发现了地产买卖等其他投资行为中的损失厌恶行为。国内有研究者做了类似奥丁的实证研究,发现中国的投资者也倾向于卖出盈利股票,而持有亏损股票,而且这种倾向比国外投资者更为严重。其实不止散户,非常有经验的专业交易人员也容易受到处置效应的影响。职业交易员因为时时关注投资,很容易受到短期波动的影响,所以更需要给自己设定规矩,以减少行为偏误的影响。比如金融机构一般会有让交易员止损平仓的严格机制,这种强制的纪律性其实无关对交易走势的判断,而是把损失控制在最小范围,防止行为偏误。假如老张是职业股民,即使他天天看盘,如果能克服对损失的厌恶,有纪律地在股价下降 10%的时候,果断抛出止损,握着现金在手,在股价深跌的时候他就可以补仓,而在股价回到他的购入价的时候,他就翻倍赚了。让我们用巴菲特的一句话作为本节的终结:"当你发现你的投资是错误的时候,你任何时候结束它都是最好的时候。因为你的投资已经错了,一旦把这条战线关掉,对其他战线是有保护的。"

百万元的桑塔纳和十年不入市

我们为什么会出现损失厌恶这种行为呢,学者们提出了好几种不同的解释,有一种是说人们"怕后悔"(Regret Aversion)的心理状态在起作用。在本章开头的例子中,第二天带了钱去买衣服,发现其中一件涨了200元,后悔没有前一天过来买,所以干脆不买了。损失厌恶与其说是认知上带来的偏差,不如说是情绪在起作用,人们厌恶的是因为后悔而产生的一种不愉快的情绪体验。我们也经常听到类似的嗟叹:要是我没有花十万元买这辆桑塔纳,而是投资了A股票,现在我就是百万富翁了;要是我没有上B大学,现在我就是畅销书作家了;要是我选了C专业,现在我就是国家级专家了;要是我当年辞职了,现在我就是中国合伙人了……根据以往经验,这种后悔情绪很强烈,所以人们想预先避免这种体验。当股票有浮亏的时候,人们因为不愿体验后悔情绪而不愿兑现这个亏损,而当股票刚刚涨回来时,人们又着急卖掉。怕后悔心理造成的后果和处置效用有重合,但又不完全相同。由于怕后悔,股票涨的时候人们怕回调,想赶快卖掉股票,但又怕踏空,所以不敢卖股票;股票跌的时候人们怕套牢,想卖掉股票,但又怕反转,所以不敢卖股票——真是左右为难。更深层次地挖掘一下人们的心理,对于自己主观造成的后果,或更加容易注意到的后果,人们会更加后悔。而对于不作为造成的后果,或者不引人注目的后果,人们的后悔情绪相对较弱。所以人们可能在涨的时候迟迟不套现,在跌的时候也迟迟不止损，或者盲目跟风，让别人帮忙做决定。还有些人，一朝遭蛇咬（亏过钱），十年怕井绳（不入市），干脆完全规避不确定的投资，只选择过于保守的投资，甚至只攥着现金，这样就只能由着钱包随着通货膨胀不断缩小了。

有趣的是神经经济学家（Neuroeconomist）发现：当人们面临损失时，大脑里认识到潜在的威胁或危险，"损失厌恶系统"启动，焦虑、害怕和恐慌等情绪随之而来，这和由于失望或后悔而产生的情绪一样，似乎都是大脑的"杏仁核"被激活的结果。他们还发现相关神经元被激活的人更容易受到处置效用的影响，所以说神经质性格特点的人由于控制情绪的大脑前端岛更容易被激活，因此更容易表现出后悔或厌恶损失的行为。如果读者朋友恰好有这个性格特点，那么投资的时候就要格外注意了，多做心理建设，多做理性分析，有纪律地止损，将眼光放长远一些吧。

一成不变与秉承传统

我们说把眼光放长远一些，并不是说为了某个理财目标而采取了某种资产配置计划后就丢在那里数十年不闻不问，然后退休时来数钱，那时可能一分钱都数不到！这种行为偏误就是我们在这一节要讨论的现状偏误（Status Quo Bias）。在前景理论中，根据某个参考点，人们把前景分成收益和损失两个心理账户，而这个参考点往往是当前的现状。很自然，人们倾向于从自己的现状出发来做决策，也许是习惯的影响、惰性的禁锢，或认知的局限，人们产生了一种安于现状的情结，获得了某种安全感。现状偏误听上去类似我们提到过的锚定效用，不过表现得更强烈，描述的现象也更宽泛。美国的行为金融学者研究发现，在个人自行管理的退休福利账户（401K 计划）中，很多员工具体缴纳的比例和配置的资产类型就是公司账户系统里的默认选项，或者根据默认选项做出的一些简单的分散，比如说每个选项配置相同比例的资产。按理说，每个人的年龄、家庭、退休目标、风险偏好不同，退休账户的理财方式也应该有所不同，更加不应该是公司系统里随机的某个默认选项。这说明在为退休积累资产这个很重要的问题上，锚定效应和现状偏误也有很大的影响。尽管在我国，退休个人账户的自我管理还没有实行，但在不远的将来这会成为一个现实，希望到时候大家都吸取了美国老百姓的教训，更理性、更审慎的规划自己的退休账户。

投资交易中的现状偏误不仅局限在把买入价当作参考点，或者把十年前的理财目标和规划奉为圭臬，另外一类很常见的现象是把某种交易策略或者投资类型作为习惯，不去寻求改变，即使这种策略和类型已经不合时宜。比如，有的人前些年在房地产上赚了钱，就会认为房地产是金矿，觉得不管在哪儿，只要炒房子就可以赚钱；又如，有的人在股市某次的上涨周期恰好从某类股票赚了钱，在下一个周期仍然认为这类股票可以赚钱。殊不知经济形势已变，使用这种刻舟求剑的投资方法是注定要失望的。

还有一个和现状偏误与损失厌恶密切相关的行为偏误叫作禀赋效应（Endowment Effect），这个概念是由赛勒（Thaler）在 1980 年提出的：人们一旦拥有了某个东西，即使只有一瞬，就产生了感情，不愿意失去或改变它，以至于干扰了人们对这个物品的客观判断。实验经济学家用了一系列简单而巧妙的"杯子实验"证实了禀赋效应的普遍性，具体的细节大家可以参考深度阅读中的讨论。反映到投资上，一个常见的例子就是对自己拥有的投资品无法客观地定价，而错过了转手或调整的最佳时机。这种情形在已经长期拥有的，并且流动性不是很强的投资品，比如房地产的买卖中尤其常见。还有一类例子是受赠或继承的投资品。假如投资人从父母或其他长辈那儿得到了股票形式的礼物或遗产，合理的做法是把这部分礼物或遗产和自己原有的投资放在一起做一个综合考虑，根据风险的相关性进行买卖，重新达到最佳配置。但是由于禀赋效应的影响，投资人往往既不愿意卖出，又不愿改变继承或受赠的这部分投资品。也许他们认为这样能使某种传统得到秉承，但可能恰巧违背了先人赠予的初衷。所以个人在考虑遗产规划与商业传承规划时，应该考虑到什么是最合适的赠予形式，读者可以参考我们在第十六章中提出的建议。

▲ **深度阅读** ▲

验证禀赋效应的经济学实验很简单但是很有趣。卡尼曼、奈茨(Knetsch)和赛勒在发表于 1990 年的经济学实验中，将 44 位大学生参与者随机分出一半来，每人分发一个杯子，使他们成为杯子的拥有者和卖家，剩下的一半参与者为杯子的买家。数据表明，卖家对杯子要价的中值比买家对杯子出价的中值高出了两倍多，成交量也非常惨淡，大概只有市场参与者所希望的 1/5。将交易物品换成圆珠笔，实验出现的结果与道具是杯子时类似，随机被分配成圆珠笔拥有者的卖家的要价比买家的出价高出了两到三倍，成交量大概是市场参与者所希望的 2/5。值得注意的是，即使交易反复进行，这两个消费品市场的成交量也没有增加，表明参加实验者并没有学会达成一致的买卖价格以增进市场效率。与之形成鲜明对比的是，当交易物是标有价值的代币时，买卖双方的预期价格大致相同，实际成交量与期望成交量也基本相同。在不同的人群中，采取不同的消费品作为实验道具，类似的实验结果一再出现，这说明禀赋效应并不是一个偶然的现象。

以上实验直观地证明了禀赋效应的存在：一旦人们得到属于自己的某物品，人们对该物品赋予的价值就会显著增长。这种非理性的行为常常会导致市场效率的降低，而且这种现象并不会随着交易者交易经验的增加而消除。

朝三暮四与朝四暮三

"朝三暮四"这个成语现在的含义与"朝秦暮楚"相当，但是它的原意并不如此。也许大家听说过这个成语的出处,是《列子·黄帝篇》中的一则故事,大意是:宋国有一个养猴的老人,喜欢猴子,把它们成群养着,他可以理解猴子的意思,猴子也可以理解老人的心意。养猴的老人宁可减少他与家人的食物也要满足猴子的需求。不久,他家里的粮食缺乏了,他将限定猴子的食物数量。但又怕猴子不顺从自己,就先欺骗猴子说:"给你们橡实,早上三颗然后晚上四颗,够吗?"猴子们都站了起来并且十分恼怒。他又说:"给你们橡实,早上四个,晚上三个够了吧?"猴子非常高兴,一个个都趴在地上。

老人很聪明,利用框架效应(Framing Effect)成功地笼络了猴子们。框架效应在心理学中的定义指的是:针对同一个问题,采用两种在逻辑意义上相似的表述后,会导致人们截然不同的决策判断。这个框架效应,我们在第一章讲心理账户的时候就提到过,在第二章又遇到它,在这一章讲损失厌恶时又出现了。我们可以看看下面方框里的自我测评:

【自我测评】

　　想象我国正准备应对一种罕见的非洲疾病,预计该疾病的发作将导致 600 人死亡。现有两种与疾病做斗争的方案可供选择。假定对各方案所产生后果的精确科学估算如下所示:

　　情景一:如果采用 A 方案,200 人将生还。如果采用 B 方案,有 1/3 的机会 600 人将生还,而有 2/3 的机会无人生还。请问你会选择 A 方案还是选 B 方案?

　　情景二:如果采用 C 方案,400 人将死去。如果采用 D 方案,有 1/3 的机会无人死去,而有 2/3 的机会 600 人将死去。请问你会选择 C 方案还是 D 方案?

这个例子是卡尼曼和特沃斯基的文章里讨论的一个框架效应实验。在情景一中,参加决策实验的 152 人中有 72% 选择了方案 A,有 28% 选择了方案 B。在情景二中,参加决策实验的 155 人中有 22% 选择了方案 C,有 78%

选择了 D。但是我们如果仔细看一下，就会发现情景一中的 A 和情景二中的 C 是同一个方案，只不过在 A 中结果是用正面语言表述，而在 C 中结果是用负面语言表述。同理，情景一中的 B 和情景二中的 D 是一样的，只不过 D 采用的是正面表述。这种语言上的改动，恰好把人们框到我们在第一节里提到的损失厌恶的框架里去了，也让人们犯了不一致的逻辑错误。

其实我们在第一章讨论心理账户时就领教了框架效应的威力，这里不再赘述。因为这一偏误是如此普遍，商家和政府有时也利用这一偏误来诱导大家做出经济决策。比如，一个政府现在想通过减少税收的方法刺激消费。它可以有两种做法：一种是减税，直接降低税收水平；另外一种是退税，就是在一段时间后返还纳税人一部分税金。从金钱数额来看，减少 5% 的税和返还 5% 的税是一样的，但是在刺激消费上的作用却大不一样。人们觉得减收的那部分税金是自己本来应该得的，是自己挣来的，所以增加消费的动力并不大；但是退还的税金对人们来说就如同一笔意外之财，刺激人们增加更多的消费。显然，对政府来说，退税政策达到的效果比减税政策要好得多。每到逢年过节，大小商家都会进行各种各样的打折、促销活动。为什么呢？因为逢年过节，很多顾客都会有各种过节费或者年终奖之类的"额外收入"，这些钱很多就直接流入了顾客的"消费账户"，即使没有奖金或者相应的福利，顾客也会因为节日的缘故而为自己的消费账户"充值"，这时候，顾客的"消费账户"都是饱满的，"掏顾客的腰包"就很容易，精明的商家当然不会错过这样的机会。

我们自己也可以利用这个偏误来引导自己做出决策，比如为了促进自己投资而不是"月光"，专门为孩子设一个教育基金账户，或者为自己设一个自动定投账户，在工资发到手之前就转移一定比例到以上账户。当然，更好的情形是，在需要做决策时，尤其是投资决策时，慢一点、拿笔算一下，考虑全面一点，多和专业人士讨论一下，这样可以较少受到框架偏误的影响，更多地向理性靠拢。

第六章
我们想要理性却总是抓狂

▶ 动物精神

▶ 得大妈者得天下

▶ A 股的魔咒

▶ 中国投机客

▶ 爱你在心口难开

▶ 怀疑与轻信

动物精神

在经济学界,"动物精神"(Animal Spirits)这个词最初来自于凯恩斯(Keynes)在其 1936 年出版的《关于就业、利率和货币的一般理论》一书。书中,凯恩斯用这个词来描述影响和引导人们行为的天生本能、倾向和情绪。这个词被大家熟知是因为诺贝尔奖获得者、行为金融学家罗伯特·席勒几年前的一本畅销书——《动物精神》。我们在前面几章提到的许多行为偏误,或多或少由人天生的本能和倾向决定,情绪又在其中推波助澜。

　　人们在做决策的时候一定会受到情绪的影响，在不确定的情况下尤甚。在第四章我们讨论风险态度的时候已经提到了情绪的重要作用，这里我们单就情绪深入地讲一下。情绪的影响其实是有生理学基础的。神经经济学（Neuroeconomics）研究通过对脑部的扫描，发现人们在面临风险决策时，主管情绪的某些大脑相关区域会异常活跃，这间接证实了情绪与决策相关。曾有研究表明：对于做了脑部手术或者大脑情绪控制相关区域受损的病患，决策变得非常困难，因为他们永远在权衡各种不同的选择，而无法做出最终决策。这说明最终决策其实是需要情绪推动的。金融市场是一个充满不确定性的环境，时时刻刻需要做出金融决策的交易员经常需要情绪疏导，否则可能无法继续做出明智的决策，或者因为情绪压力过大而影响健康。

　　由于金融市场中的交易主体是个人，他们的情绪经常受到外生环境的影响，再加上个人之间对情绪的驾驭能力不同，反过来也会干扰投资等决策，以致影响整个金融市场的表现。美国有研究者发现在秋季和冬季的时候，市场的回报率平均较低，他们认为背后的原因可能是白天缩短造成的季节性的情绪紊乱症，而且这个结论在不同的纬度、不同的半球都是一致的。朱宁等学者研究发现，纽约股票交易所、全世界其他地处中低纬度的主要交易所中的80％，包括中国上海的股票交易都表现出一个趋势：天气晴朗时候的平均收益率比阴天下雨的时候平均收益率要高很多。这说明天气可能影响了投资者、做市商等其他市场参与者的情绪、决策，进而影响了整个市场。研究者还发现在国际足球赛事活动或其他重大运动项目比赛的第二天，获胜国的股市会上涨，而失败国的股市会下跌。一种解释是国际赛事的结果使得投资者的情绪高涨或低落，影响了风险态度，进而影响了股市表现。

　　在本章中我们关注国人在投资理财中的几个案例和误区，并着重讨论其中的"动物精神"的影响。

得大妈者得天下

中国大妈可谓名满天下,蜚声中外。当 2013 年 4 月黄金价格大跌时,在大约 10 个交易日内,她们集体购买了 300 吨黄金,价值 1 000 亿元人民币,令世界震惊。大妈的汉语拼音"Dama"已经被收录在英国的权威辞典中,国内外主流媒体也经常报道与大妈相关的新闻,从跳广场舞到在商场里抢购,到买黄金、炒房、炒股票……拿着家里钱袋子的中国大妈好像做任何事都是集体行动,"得大妈者得天下"这句话似乎正在被现实验证。这里并不是"妖魔化"大妈,笔者对她们非常尊重,只是她们的行为太有代表性,也太形象了,的确是投资中从众行为或者羊群效应(Herding Effect)的一个生动的例子。

羊通常有很强的跟随的本能,全然不顾这个行动是否正确。有时候,羊群会不假思索地跟着头羊行动。如果头羊跳下悬崖,其他的羊很有可能也跟着跳下去。从小羊羔一出生,它们就会跟着成年羊行动,所以说这种行为是羊与生俱来的,并不是经过"思考或判断"或者后天习得的。羊群效应后来被金融学家借鉴过来形容一种在金融市场上常见的有限理性行为(Bounded Rationality)。有限理性指的是人们并不是不假思索就行动,只是说这个思考不甚完备或者不是完全的理性。市场上固然存在着一些像羊一样盲目跟风的人:他们没有经过自己的任何思考,好像把投资当成了逛商场,本来不打算买东西,却总是朝人多的地方挤,恐慌性地抢购大家都在买的东西。市场上还有一些人其实有着自己的判断,也有相应的决策,但是他们对这个判断的把握可能不够大,当他们观察到市场上大量投资人采取某种策略时,会选择忽略自己的判断,跟随大众的策略。另外更有一些投资人,通常是专业人士,他们有自己的判断,并且把握也大,比如他们非常明确市场上存在估值泡沫,但他们发现短期内采取大众的策略可以赚得比自己现有更高的利润,由于自身贪婪使然或者迫于来自客户的压力,决定短期内跟随大众。但是当市场上所有人的策略或偏好趋同时,会造成信息准确一致的假象,加强对相应投资目标的超额估值,很容易在市场上催生出更大的泡沫。进而,在泡沫破裂时也会加速其破裂的进程。

诺贝尔经济学奖得主弗农·史密斯及合作者开创了用实验经济学方法对金融市场泡沫进行研究的先河。经济学实验的一个好处是很多变量可以由研究者自行控制。比如真实世界中,基本面价值(Fundamental Value)到底是多少、投资人有多少经验、是否理解市场价值、风险态度如何、货币总量有多少等问题都不容易回答或存在争议,但是在实验中这些答案都是可调控的。这一系列的实验表明:实验参与者的经验越少,泡沫越容易出现,有经验的参与者交易一个新的资产时,泡沫又重新出现。完全理解基本面价值的参与者,也会投机性地促成泡沫,参与实验的钱越多,实验室里形成的泡沫的规模就越大。

在中国,羊群效应加上其他因素而产生的大大小小的泡沫表现得尤为突出,也许是人口密度太大、运动历史太丰富、新生事物太多、投资人经验太缺乏、市场参与者中缺乏经验的散户比例太高,甚至有时还有政府在前面的指挥或者在背后做推手。中国股市上曾经赫赫有名的超级庄家吕梁交代过这样一个小细节,让他没有料到的是"股票价格压都压不下去",远远超过了他们当初想要达到的效果。这种"自我实现"式的预期,正是散户疯狂的从众效应所带来的效果,就像一辆开动了却再也刹不住的跑车,只有在撞毁时才会停下来。

普通投资人应该如何克服这种羊群思维,或者说这种与生俱来的恐慌与贪婪,并获得投资上的成功呢?一个办法是发展出一套投资纪律,并严格执行,这样才能将羊群思维和相关情绪的影响降到最小。读者可以参考第十二章中提出的一些具体的建议。

【经典案例】

金融史上的资产泡沫史从荷兰郁金香开始,已经将近四百年。尽管事后看来,很多泡沫之大令人难以置信,但是"不识泡沫真面目,只缘身在泡沫中"。亲身经历其中,当时再荒谬的估值都令人深信不疑。泡沫在世界各地一次又一次地出现,我们无法预测它们什么时候会发生,什么时候会破灭,唯一可以确定的是它们一定会重演。17世纪中叶在荷兰郁金香泡沫顶峰时,一颗郁金香花球在一天内可以转手十次,区区几颗当时就可以卖到一百万荷兰盾,大约相当于现在的一百万美元。大约一个世纪后,始于英国的南海等一批投机公司的泡沫使得其股价在一年之内上涨了10倍,又下跌了90%。

当代的很多泡沫大家都记忆犹新,大到有全球性影响的,比如20世纪80年代的日本房地产泡沫,20世纪90年代末和2000年初的美国互联网泡沫,2007到2008年的次贷危机泡沫;小至有局部影响的,比如在各个国家或地区层出不穷的房地产、新兴金融产品等泡沫,还有与我们的生活休戚相关的A股市场上的数次暴涨暴跌,最近的例子有2015年中期的A股股灾。综观历史上大大小小的泡沫,我们可以发现以下几个特点:在新生事物出现后,特别容易产生泡沫;市场上的非专业投资者越多,越容易产生泡沫;经济环境中的货币量越大,泡沫也越大。泡沫一定会破灭,但何时破灭是无法预测的。对泡沫的控制往往是徒劳的,不是泡沫超出了控制,就是提前戳破了泡沫。

A股的魔咒

2015年6月12日,媒体上爆出一则"长沙股民四倍融资全仓中车股,两天赔光170万跳楼"的消息,两天后,A股迎来了史上最大的股灾;接下来数月见证的是政府大规模却不甚成功的救市行动，以及国内外投资者受挫的投资信心。我们在本章第一节提到天生的动物精神让我们很难保持理性，错误是不可避免的，这一点在个人投资者身上表现得尤为突出。中国股市的一个特点是参与者大部分（大约有 80％以上）是个人散户。打个比方，当时的股市行为就好像是一群贪婪、短视并且过于自信的羊被同样过于自信的牧羊人赶着冲向一个肥美的草原，却突然发现草下面有一大片危险的沼泽。在争先恐后逃命时，它们实际上使得沼泽面积扩大，逃生更加不易。和 A 股历史上的数次泡沫相比，虽然这次的泡沫更大，并且牵涉"新潮的"互联网金融和融资融券，究其根本，大同小异。尽管已有近 25 年的历史，中国资本市场仍然是新兴的、不发达的。很多"投资者"关注的多是短期赌博性质的机会，而不是需要耐心的、长期的投资项目。2015 年中国股市出现的巨大波动，背后反映的也是许多参与者的"赌场"心态和短期的交易前景。

此外，A 股的另一个重要特点是"政策市"，很多投资者关注的不是基本面，而是"政策面"。事实上，政府的确试图用媒体来引导或者用政策手段来干预股市。我们从故纸堆里不难找出以下佐证：在将近一年沪深股市的上涨行情后，尽管沪市还没有恢复历史高位，1996 年 12 月 16 日《人民日报》发表了题为《正确认识当前股票市场》的特约评论员文章，当天沪深两市跳空低开，大多数股票收在了跌停板。1999 年的"519"行情时，沪深两市在两周内攀升近 70％后，《人民日报》再次发表特约评论员文章《坚定信心，规范发展》，重申股市是恢复性上涨，要求各方面坚定信心。2015 年 4 月，在股市已经涨了近一年半到 4 200 点，学者及经济观察人士都认为是泡沫无疑之时，人民网上赫然刊出了一篇文章《4 000点才是 A 股牛市的开端》，把股市进一步推向了疯狂。① 难怪有种戏谑的说法："要想在中国股市赚钱，一定要学会看新闻联播。"尽管政府的初衷可能是为了保护经济发展和股

---

① 本段资料部分来自微信文章《历史有张相似的脸》，作者唐涯。

民利益,干预看上去是减轻了下跌造成的严重影响,但客观上却是对市场经济规律的不够尊重,从而造成了股民等其他股市参与者的多方博弈,推迟了投资市场达到更现实估值的时间,而且使得中国市场对国际投资者的吸引力下降。雪上加霜的是,由于监管上不可能做到尽善尽美,内幕交易、消息泄漏等事件时有发生。因此往往事与愿违,人为干预反而打击了投资者对股市的信心。

2015年的这次A股大震荡,使得很多中产阶级投资者好不容易积累起来的财富顷刻化为乌有。这一事件就股市投资,尤其是在多元化投资和涉及杠杆(债务)时的正确方法,给了中国投资者一个重要的教训。正如我们在第二章中提到的,散户容易受到过于自信的影响,高估自己的投资获利能力。根据朱宁等学者对中国A股市场和世界其他国家股市的研究:"在各个国家的资本市场里,在5~10年的时间段里面,只有5%~10%的投资者可以持续地跑赢大市,30%~40%的投资者的表现显著低于市场平均水平,剩余的一半左右的投资者的收益和大市大体相当。"如果再将投资的时间、税收和交易费用等成本考虑进去,投资者的表现恐怕更糟糕。另外就散户这个群体而言,他们在股市上的博弈中是处于劣势的,因为市场上的机构或专业参与者的信息更精准,研究更到位,资金更充裕,风险承受能力更高,甚至可以利用散户的行为偏误进行反向操作来赚钱。所以说客观上来讲,散户作为一个整体,恐怕就是为股市上更为专业的投资者的利益做贡献了。那么专业投资人的表现又如何呢?[①] "全球的学术研究都表明,即使是在扣除费用之前,公募基金整个行业都是不能跑赢大市的,这一点在中国也不例外。"如果你认为自己有一定的风险承受能力,决定参与股市投资,怎样才是比较明智的投资方法呢? 对大多数普通投资者来说,"最简单也最划算的交易方式就是投资在指数基金,以及可能比指数基金更有吸引力的ETF(交易所交易型基金)上。"读者可以参考第十二章。

---

① 答案中的引述部分来自朱宁著《投资者的敌人》的第七章"行为偏差与投资决策"。

以长远的眼光来看,股市应该给投资者带来与其风险相匹配的较高的回报,但是散户股民往往以不明智的方式短期地参与其中。在股市上涨时期,乐观消息和利好信息不绝于耳,短视的参与者罔顾风险加杠杆,贪心地将股市追成了泡沫。等到泡沫破灭后,痛苦的记忆还非常深刻与生动,许多人面对股市裹足不前。就像一个硬币的两面,这种对短期损失的过分强调,还是由于短视的赌徒心态造成的。如果因此选择过于保守的投资,甚至只攥着现金,就只能和股票长期投资的优异业绩擦身而过,望着通货膨胀绝尘而去了。

中国投机客

笔者有一位在纽约做理财师的朋友,提到她有一位从中国移民来的客户,只对 20％以上的投资收益率的机会感兴趣,而且丝毫不接受风险。很无奈,她无法满足客户提出的要求,因为这样的机会根本就不存在。中国的富裕投资者在国际上出了名地喜欢追求高回报的投资,但同时可能忽略了或者根本不认同相应的高风险。也许和这些投资者多是白手起家的富一代有关,中国的富裕投资者希望获得与他们所经营业务的回报差不多的投资回报,这与西方国家许多富裕投资者的做法截然不同,后者更关心如何保护他们继承的财富。但是要知道,生意和事业成功的中国新精英们都是时代的幸运儿,茫茫人海中只有寥寥几位,把自己成功的生意回报当作投资领域的标杆,无疑反映出了我们在本书第二章和第三章中提到的一系列行为偏误。

国际上另一则广为流传的都市传奇是,中国人到哪儿都一掷千金买豪宅,或者大笔一挥圈块地。房地产投资对中国人来说的确太特殊了,在改革开放后的造富浪潮中,影响最大和持续最长的一波就是房地产。中国的亿万富豪榜上,以房地产起家的占了多数。有些投资者在海外尝试投资时,只局限于房地产,因为他们根据自己在国内的经验,认为房地产就是能赚钱。但是在第十二章我们会看到,数据表明在像美国这样的发达投资市场,比起很多大市值美股,房产投资平均下来并没有达到相应的回报。而且房地产是一个典型的低效市场,流动性很低,不存在买空卖空机制,房产无法分割,投资回报与具体的房地产地点和购买时机有很大的关系。而且房地产投资通常涉及各种成本和税费。将这些因素完全考虑进去之后,看上去似乎很赚钱的投资,实际上可能只有小利甚至亏损。

借此机会,我们再多谈两句房地产投资:由于房地产投资、买卖、消费,处处离不开人,这里面的行为偏误就格外多,我们在上一节提到的"羊群效应"在房地产买卖决策中也有表现。细想,国内房子的产权只有 70 年,而有些"鬼城"却被炒到天价。房地产尤其是住宅房地产的投资者大多不是专业人士,买卖房地产的经验有限,如果他上一次的房地产买卖恰好赚了钱,很容易过于自信地高估自己的能力,下次买房可能过高地出价。投资者还容易受到禀赋效应的影响,因为房子毕竟自己曾经拥有过,可能会要求过高的房价,导致错过了合理的出价,然后又受到损失厌恶的影响,不愿意实现损失。这些行为偏误加上房地产市场非有效这个特点,使得房价很容易偏离基本价值,并且很难回归。

还有一些中国投资者,他们愿意尝试海外的证券市场,但是投资标的只局限于在海外上市的中国公司的股票或者债券,这里体现的是本土偏误和过于自信偏误的双重作用:投资者认为自己更熟悉海外的中国公司,能在它们的股票中找到"金矿"。这样一来,即使投资了海外,投资者也丝毫没有分散投资的风险。

中国投资者聪明,消息灵通,哪里有好的投资机会就会看到中国人的身影;但是仔细看单个投资者的投资组合和行为,通常既不多元化,又不长期化,与其说是投资,不如说是投机。

爱你在心口难开

华人这样一个由农业文明发展过来的内敛民族，在感情表达上比较害羞，对财富又近乎有洁癖，不愿开诚布公地讨论。由于历史上金融市场不发达，金融产品稀少，许多金融工具可以解决的事情，都是靠家庭内部成员的互助解决的。比如，家族中有一个成员需要借钱，这本来是银行可以解决的问题，但在传统的中国家族内部，可能是由家庭成员凑钱来支持，所以这里涉及的不是个人的信用问题，反而是关系亲疏和面子问题。再比如，家族中的上一代往往不介意倾其所有地帮助下一代，为其教育、成家与立业提供金钱上的支持，期望自己晚年能得到晚辈的孝敬、服侍与照顾。但是从金融的观点上看，这种本来可以利用金融工具如学生贷款、房屋贷款或消费贷款等来替代的支持，往往毫无效率可言，却可能变相地绑架了晚辈的未来。另外，尽管早就已经是自由恋爱的年代，婚姻却还是没有摆脱它的交易功能，有些丈母娘对房子、车子、票子的不合理要求某种意义上还是对妇女的物化。

所以本来是金融的问题，却被框进了亲情、爱情、友情里；本来可以冷静、客观思考和讨论的问题，却突出了与感情相关的强烈的情绪因素；本来可以明确地计算和规划的问题，却变得难以启齿。这样一来，在家族成员中的财富传承、转移方面的规划就比较少，通常是顺其自然，而且没有章法。从交情到金融，从人治到法治，这些观念的改变可能需要时间，但是却是无法规避的一步。推而广之，商业伙伴间的适当安排也至关重要。对于已经积累了可观财富的人士，如何合理有效地运用、传承和转移财产，也许是当务之急。希望本书的第十六章能给读者一定的启发。

怀疑与轻信

如果市场上只存在理性的经济个体,那么任何金融交易和市场都将不复存在。这看上去像是一个荒谬的论断,但却是一个真理。试想金融市场实际是一个很可怕的存在。你把钱存在银行里,交给专业人士打理,放在市场上,在你还没有将它们兑现成现金时,很多时候看到的不过是一些数字的变化。若是法定货币(Fiat Money),还有赖于一个值得信赖的政府来背书它的价值。如果人人都是经济学假设中的"向钱看"的自利个体,那么金融机构的工作人员完全可以中饱私囊,做"老鼠仓",将资金悄悄转移走。而纯理性的投资人会预见到这个可能性,在投资金融市场前审查再审查,慎重又慎重,那么整个金融市场也没有建立起来的可能了。

英文里有一个词"Fiduciary",它在金融界经常出现,在中文里却没有一个很贴切的对应词,也许我们可以把它翻译成"忠信",因为它有一层"受人之托,忠人之事"的含义。尽管中文翻译不尽准确,但在中国的历史演义中,却有一个"Fiduciary"的最佳代表人物——程婴,他不惜牺牲自己的孩子和生命来保护和辅佐赵氏孤儿,着实为常人所不为,集忠、信、义之大成。在资产和财富管理界,常见的情况是,专业人士拥有知识和技术,却可能并没有多少自己的资产。相反,客户拥有财富,却可能没有相应的知识或兴趣来理财。这样就自然形成了一个信托关系:客户需要将钱托付给专业人士来打理。

金融投资的一个特殊性在于信息的重要性和投资策略的私密性。一方面,如果专业人士,比如私募投资经理,把自己掌握的信息和数据或者分析和策略,都公之于众,马上就会失去先机,使得投资达不到预期的回报。另一方面,即使专业人士把模型、数据、信息、策略统统公布出来,客户如果本身并不从事金融投资行业,面对这些信息,往往会觉得云山雾罩、枯燥乏味。在这种情形下,如果专业人士不能信守对客户的"忠信",就会使得与客户之间的信托关系被滥用,有时甚至恶变成一个骗局。很多金融骗局都是某种形式的庞氏骗局,也就是行骗人利用客户对自己的信任,不断圈钱到手上,"拆东墙补西墙"。这种情况在金融市场发达、监管水平高的美国仍然存在,近年来一个影响很大的案例就是2008年金融危机时暴露的麦道夫(Bernard Madoff)案。在中国,类似的庞氏骗局就更加屡见不鲜了,最近发酵的泛亚事件或许就是一例。不管是麦道夫低调的形象、高端的品位和千金难求的投资机会,还是泛亚刻意的宣传、高调的政府背书和人海战术的营销攻略,究其根本都是为了获得投资人的信任。

就麦道夫的案例而言,他从客户那里募集的资金有600亿美元,号称在他代客理财的20年里从来没有亏过钱,并且每年都有10%～15%的稳定回报。有常识的投资人听到这个说法,心里就应该打个问号。按照我们在第二章结尾的粗略估算方法,在20年里,投资从来没有亏过,这件事发生的概率是多少?答案是50%的20次方,这个概率如此之低,还不到百万分之一,也就是说在美国将近90万金融从业人员中都挑不出一个能做到!难道麦道夫如此幸运?单看每年10%～15%的回报似乎没有那么离谱,但是参考在第十一章中我们列出全球"各种资产类型的长期表现预期",其中平均年表现预期最好的是亚洲股票或者新兴经济体股,为11.5%,但是这是以年标准差22.8%和24%为代价的。也就是说,要获得11.5%的平均年回报,必须承担相应的风险,忍受资产价值平均每年1/5到1/4的上下波动,这还是波动的平均值,有的年份资产价值的波动远远比这个幅度大。如果心中有这个常识,投资人一定会觉得麦道夫号称的稳定高回报有蹊跷。客户难道不应该深究一下其背后的原因吗?问问他到底投资去了何处?谁是资金托管方?有没有相关的交易记录可以查阅一下?

就泛亚而言,这家号称世界最大的稀有金属交易所,延续了数年疯狂的资本围猎游戏,最终资金链断裂,20多个省份22万投资者的430亿元资金难以讨回,各地发生了投资者维权行动。由于事件正在发酵,还无法定性,我们下面仅根据当前的状况做一点分析。起初,很多投资人是被泛亚一款叫"日金宝"的所谓理财产品吸引,这款产品号称"保本、零风险、入金出金自由,而且年化收益率高达16%"。在本书第四章我们讨论风险的时候,提到过风险一定会和回报相辅相成。零风险何来16%的回报,更何况还要满足充分的流动性。诚然,泛亚并不是完全的空中楼阁,它有规模不小的有色金属交易业务。这是一个大众相对陌生的领域,投资人对此不熟悉,对其背后资产的定价也不了解。但是,泛亚通过营造相关政府、银行背书,甚至还有"为国收储"的噱头,再加上舆情控制的手段,不免有故弄玄虚、误导投资人之嫌。

综观这两个案例,为什么有如此多的投资者轻信上当呢?不管是麦道夫用低调保持的神秘感,还是泛亚用有色金属营造的金融创新,对于投资人来说,这两个案例中的投资前景都比较模糊,没有什么客观标准。此时,投资人的判断就容易受行为偏误的影响和一些无关细节的左右,某种意义上投资人是选择相信了他们愿意相信的。这里面可能有贪心、过于自信、乐观思维、羊群效应等在起作用。大家可以参考本书的第二、第三、第四章,这里不再赘述。

另外,在模糊的前景下,由于投资人自己看不懂,因此更加依赖理财机构或银行中介中投资顾问的推介。这里,投资人需要考察是否有利益冲突的问题,也就是说顾问是否真的和投资人站在同一角度考虑问题。遗憾的是,当今国内普遍的模式是:中国投资人不习惯为专业咨询或知识产权支付费用,顾问一般是从理财产品提供方那里拿佣金,而不是直接从投资人那里收取费用。如果这个形式不改变,利益冲突就会一直存在。在理财行业完全走到独立、中立、摒除佣金的模式之前,投资人对自己最好的保护,恐怕是多了解金融经济常识、理解风险与回报间的合理关系,并在有疑问时多问几个为什么。

在与发达经济体的比较中,我们很容易看到后发经济体在立法及制度上的欠缺。立法与监管当然有很大的威慑作用,严惩骗徒、加大犯错成本无疑会有好处,但不是全部。在监管严密的美国仍然有庞氏骗局,在发展中的中国也有很多一心为投资人着想的专业投资经理和财务顾问。所以说,专业素质、职业操守也是不可或缺的要素。值得欣慰的是,人性本善或者说进化的过程中的一些经验使人们学会向善、利他与互信。

所以,亲爱的读者,如果你是一位投资人,看到麦道夫等个别案例,警惕但不要怕,你大可不必持怀疑一切的态度;如果你是一位金融从业者,并赢得了客户的信任,恭喜但请尽责,你一定不要辜负了这份来之不易的信任。

【经典案例】

"庞氏骗局"源自于一个名叫查尔斯·庞兹(Charles Ponzi)的意大利裔美国人。20世纪初,他在加拿大和亚特兰大曾因伪造、走私等前科服刑。于1919年隐瞒历史后,他摇身一变,设计了一个故弄玄虚的投资欧洲邮政票据的计划,在波士顿向大众兜售,并承诺在90天内,可以获得40%的回报。这无疑是一个巨大的诱饵,最初的一批"投资者"拿到承诺的回报后,大批的"投资者"前赴后继。在一年左右的时间里,差不多有4万名波士顿市民像傻子一样变成庞兹赚钱计划的投资者,而且大部分是怀抱发财梦想的穷人。庞兹共收到约1 500万美元(相当于现在的2.03亿美元)的小额投资,平均每人"投资"几百美元。与此同时,庞兹自己过上了奢华的生活。1920年8月,庞兹破产了。他所收到的钱,按照他的许诺,可以购买几亿张欧洲邮政票据,事实上,他只买过两张。此后,"庞氏骗局"成为一个专门名词,意思是指用后来的"投资者"的钱,给前面的"投资者"以回报。

事后看来,这个骗局似乎很明显,但是,投资人常常被类似骗局中的虚假承诺迷惑,别说中国,就是在当今美国这样一个成熟的投资市场上,在华尔街这样一个有百年历史的地方，还有人可以利用这样的手法诈骗。近年来最出名的就是随着 2008 年金融危机而浮出水面的麦道夫诈骗案，这也是美国资产管理行业历史上规模最大的欺诈案。这桩案件的确不可思议，麦道夫在美国金融界是一位颇有名气和地位的人物，他的履历可以说是金光闪闪：他是纳斯达克的前董事会主席，还担任过美国证交会的顾问。要想让他帮忙管钱可不是一件容易的事，麦道夫刻意把门槛弄得很高，不仅仅是起投的资金要求很多，而且需要是有头有脸的人物，通过私人关系才能获得这个机会。他几十年间吸收了客户 600 多亿美元资金，却只进行了不超过 20 次的交易。没有投资交易，也自然谈不上升值，所以，麦道夫一直用的就是"拆东墙补西墙"的做法来付给投资人回报，同时自己中饱私囊，维持超级奢华的生活水准。直到 2008 年金融危机，客户需要取出 70 亿美元本金时，他的资金链断裂，骗局才败露。尽管他被判入狱 150 年，但曾经信任他的投资者的大量资产却再也拿不回来了。受到影响的不仅有好莱坞明星、导演、作家、企业家、政客、延续几代的老牌富裕家族，还有各国银行、保险公司、对冲基金、大学基金、养老基金和慈善机构。

第七章

我们想要富庶生活，更要丰富人生

▶ 金钱与幸福

▶ 赚钱与花钱

▶ 理性人与真实人

金钱与幸福

在这个市场经济的年代，人们津津乐道如何发财，"钱"似乎是人们最常挂在嘴边的一个词。"金钱可以买来幸福吗？"也成了一个老生常谈的话题。几年前，某位姑娘因为一句颇为现实的爱情宣言"宁愿坐在宝马车里哭，也不愿坐在自行车后笑"而成为社会"名人"。单纯的理性人一定会觉得奇怪：坐在宝马车里一定比坐在自行车上更高兴啊，为什么会出现这个矛盾？几年后，另一位姑娘因为一句非常浪漫的辞职宣言"世界这么大，我想去看看"而闻名全国。理性人可能觉得更奇怪：抛弃未来稳定增长的现金收入，就是为了看世界这个不着边际的梦想？可见，我们人类远比单纯的理性人要复杂得多。钱绝对不是我们的唯一诉求，人们更高的诉求是幸福。好在行为经济学有一个叫"幸福经济学"的分支研究的正是"金钱可以买来幸福吗"这个问题。研究表明，财富每增加一元钱，会给人带来一定的幸福感,但这个幸福感的增量是递减的。在生活水平还没有一定保障、物质生活还没有达到一定程度时,"金钱可以买来幸福"这个命题是成立的。但是一旦收入达到中产之后,这个财富与幸福的正向相关关系就越来越弱化了。这就是著名的伊斯特林(Easterlin)悖论:学者伊斯特林在 1974 年的研究中发现"由 GDP 代表的经济增长和由人们一生满足程度所代表的幸福感没有什么关系"。下面的"世界各国生活满意程度与收入的关系"图,也许可以给大家一个更直观的感受。①

2012年或最新数据

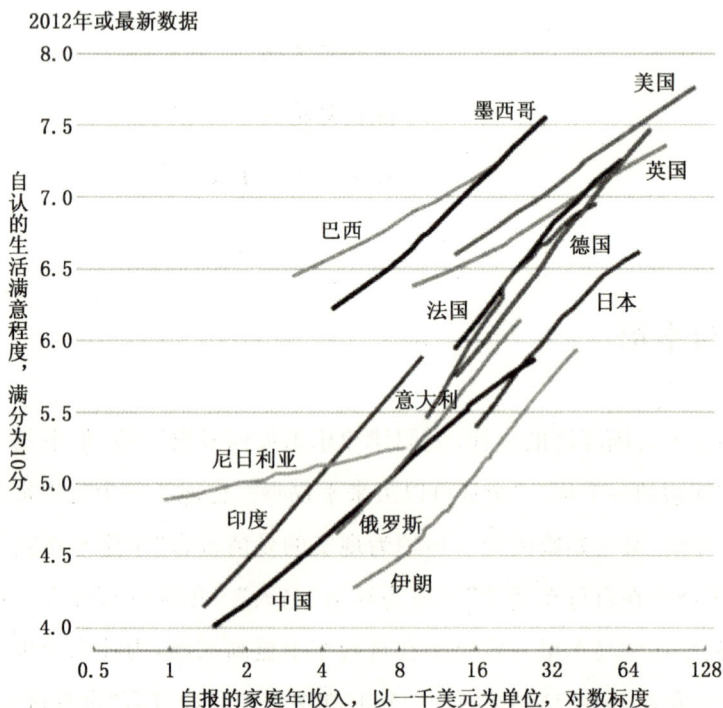

数据来源:美国国家经济研究局 2013 年 4 月工作论文 18992 号,《主观幸福感和收入:是否有餍足的证据?》,作者史蒂文森(Stevenson)和沃尔弗斯(Wolfers)。本图根据《经济学人》杂志的图表复制。

生活满意程度与收入的关系

---

① 刊登于《经济学人》杂志,根据美国国家经济研究局 2013 年 4 月的工作论文复制。

究其原因，伊斯特林悖论的解释可能有以下几点：第一，当人们的财富达到一定的数量之后，人们基于财富的幸福感会到达一个平台，在这个基础上，不论增加多少财富，所带来的快乐的感觉都是暂时的，随着时间的推移，这些短暂的幸福感会消失。到这个阶段，要想增加幸福感，靠的就不是财富的积累，而是其他方面了，比如更健康的身体，更幸福的家庭，更充分的休闲，更新奇的体验，更丰富的人生，更有意义的追求……这个悖论和大家更加耳熟能详的马斯洛（Maslow）的需求理论不谋而合。马斯洛说人们在生理需要和安全需要得到满足之后，要进一步追求的是社交需要、尊重需要、自我实现需要甚至超自我实现需要。前两个需要可以很容易地被钱满足，而后面三个就不仅仅是钱的问题了。因此我们常常观察到，很多财富达到一定水平的人们在选择投资项目时，考察的标准就不仅是项目的风险和回报，或者财富的增值与保值了。有人会考虑投资的意义，比如他们会希望投资环保项目，并能给整个社会带来助益；有人会考虑投资的个性化，比如他们会希望投资自己感兴趣的标的，并能帮助特定的人群；还有的人热衷于投资，追求尽可能高的回报，却把投资赚来的钱悉数捐赠给慈善机构……

第二，一个社会贫富的悬殊程度和人们的幸福感成反比。贫富差距越大，社会越不公平，人们越感到不幸福；反之，人们越感到幸福。从个人角度来讲，与他人比较可以影响幸福感，当人们看到比自己更富有的人，幸福感会降低，反之会增加。正所谓"比上不足，比下有余"。试想，一位事业有成、家庭和睦的成功人士去参加大学毕业 20 周年庆，骤然发现，自己的同学们都比自己事业更成功、家庭更美满，他原来的幸福感恐怕要打折扣。既然和他人比较物质生活能影响幸福感，请多多"比下有余"吧。从宏观和发展经济学的角度讲，贫富差距的成因很复杂，法国经济学家托马斯·皮凯蒂（Thomas Piketty）于 2013 年出版的《21 世纪资本论》就这一问题进行了专门讨论，而这本 700 页大部头的经济学专著竟然常据亚马逊畅销书榜首。且不说这本书的预测和政策建议在经济学家中的争议,书里的确用大量的历史数据证明贫富差距的成因之一是投资资本(比如股票和房地产)比收入增长要快得多。书中还预测,由于人口规模缩小及老龄化等因素,发达国家的经济增长率不大可能高于 1.5%,但资本收益率则会在 4%～5%之间,贫富差距在 21 世纪会继续恶化。由此看来,在中国经济逐渐走出赶超期,走入新常态时,对于个人来说,要想增加幸福感,就得尽早把理财提到议事日程,早日跨入投资者的行列。

也许正是因为以上两个原因,尽管中国在过去三十多年以来的人均国民生产总值(GDP)已经翻了超过一百倍(未扣除通货膨胀),但人均幸福感的增加却远远没有这么多。不过,幸福经济学中还有一个很棒的理论是快乐的人更容易获得财富;得到财富后,追求幸福和意义也会更容易。那么就让我们快乐地去看看世界,快乐地积累财富,快乐地坐进宝马车里笑吧。

赚钱与花钱

当代中国人对金钱有一种很纠结的态度。一方面,中国已经步入一个商业社会,金钱成了衡量成功的重要甚至唯一标准。另一方面,中国历史上向来抱持"轻商主义",钱被视为阿堵物,因而人们对财富有一种奇怪的洁癖,也羞于露富。钱是什么? 从经济学的角度看,它是一种可以交换的媒介,它是一种工具,它的使命就是被用掉。简单来说,钱可以换来温饱、物质生活的富足、时间,甚至感情上的投入,从而使人的幸福感增加。当一个人拥有的钱越来越多,这种简单的换取所增加的幸福感越来越低,递归为零。如何花钱开始成为一个难题。

在本书第二部分,我们将谈到财富管理的第一步就是确定你的目标:你有哪些愿景,哪些是最重要的;如果可能,你想用你的财富干什么。近十年来,西方理财界渐渐产生了一个叫作"生命规划"的分支:这些理财师首先关心的是客户的人生目标。他们试图引导客户找到自己人生中最重要的价值,或最想做的事情,然后以此为追求,再为客户考虑应该如何理财来实现这个人生目标。大家不妨看看"生命规划"的发起人乔治·肯德尔(George Kinder)建议客户在理财之前要回答的问题吧:

【自我测评】

1. 假设你在财务上已有保障,就是说你有足够的钱来满足你现在和未来的需要,你想如何度过你的人生? 你想改变什么吗?

2. 现在假设你去看医生,得知自己只有 5～10 年的生命了。你不会感到身体不适,但是也不会确知死亡日期。在余下的时日里,你打算干什么? 你想要改变你的生活吗,如何改变?

3. 假设你的医生给了一个出乎意料的消息,你只有 24 小时的时间了。问问你自己,你觉得还缺什么? 你遗憾没有成为谁,你有什么未完成的事吗?

以上三个问题是递进的层次,尤其以第三个问题最难回答。肯德尔将他的客户对第三题的答案总结如下:超过 90％有关家庭、亲情、爱情;很多回答都提到要过一个有意义的人生,做有创意的事;要回报社会,留下有意义的正面影响。看来,没有一个答案是钱还没有赚够,相反很多遗憾是钱没有花在合适或想要的地方。对这三个问题的思考实际上把如何花钱提到了一个价值观和哲学的层面。假如你有很多钱,物质生活上的享受早已不是问题,那么钱是什么? 是一种让自己的生活变得更有意义的资源,更是一种让这个社会变得更美好的责任。事实上,很多富豪正是这么做的,让我们随便列举几个熟悉的名字:巴菲特、盖茨、李嘉诚、邵逸夫……在处理个人财富时,他们无不生活节俭,而对社会贡献巨大。

或许可以这样说,赚钱需要经济学,在金钱还没有积累到一定程度的时候，帮我们提供更有效的积累金钱的策略、更可靠的规避风险的手段；而花钱需要哲学，在我们赚的钱已经远远超过温饱所需之后，帮我们提供了更高的看待金钱的格局、更从容的处理方式。

理性人与真实人

在前文中我们列举了不少真实人的行为与理性人不同的地方。比如理性人的偏好是精确固定的，而真实人的偏好则是复杂多变的；理性人了解自己的这个偏好，而真实人往往并不了解这一点；理性人没有情绪也不会影响判断，而真实人受到这样或那样的认知和情绪上的偏误的影响。纯粹从财务的角度说，真实人远远没有理性人精明。然而真实人是有趣的，也许正是这种不一致性、多变性、情绪化，使得真实人成了一个有血有肉、有温度的人。很自然地，真实人应该追求的是丰富、美好、有意义的人生，而不是单一的金钱上的成功。但是，为了实现丰富的人生，我们不妨采用一些理财方法来向理性人靠拢，克服一下与生俱来的冲动和不太明智的判断，来达到财富上的成功。

▲▼▲ 第二部分

我们需要什么？

哪些是有助我们理财的方法？

在第一部分的7个章节中，我们把现代行为经济学中与个人投资理财有关的理论和应用梳理了一遍，目的在于帮助大家认识一下妨碍我们投资决策的行为偏误。有读者可能会问：由于这些偏误大多数是与生俱来的，还能有什么办法？也不用那么悲观。人类擅长提高及发展自我。我们可以用一套方法来改善这些与生俱来的状况，比如说自我制定纪律，目标管理，利用科学计算来减少偏误的倾向和成本，学习掌握更多相关知识，和专业人士讨论如何理财等。有些问题看似简单却不能忽视，有些问题看似复杂却有一套成体系的解决方法，你将在本书的第二部分找到这些问题与答案。

个人理财这一行业在美国和其他发达国家发展、兴盛了几十年，其理论与实践已经发展得非常成熟。在学术界，经济金融学科尤其是行为金融学的长足发展，结合许多数据的收集整理与实证的研究发现，也给理财师在实践中总结出来的经验和规律提供了佐证。理财相关课程和专业也走入了许多中学、大学、研究生院，以及职业培训机构。随着理财知识的普及，投资人也逐渐成熟起来，对自己的需要更了解，对行业的需求更精细。理财行业也走到细分市场、专业化和独立化的阶段。为了更好和更全面地为客户提供服务，除了对投资和金融市场的了解，财富管理机构的理财师通常还拥有会计、法律等学科的专业背景和知识。

结合美国的经验和中国的实际，在这一部分，我们会谈到在具体的理财规划中有哪些方法可以采取，有哪些智慧可以借鉴，从而可以尝试克服、规避，甚或利用第一部分提到的偏误。很多理财规划方法的推荐依赖于现行的经济、税收和福利政策。作为一个发展中国家，我国的政策处在一个流动、渐进和逐渐成型的阶段。在这一部分的论述中，我们力求根据当前最新的政策做出判断，并试图沿着未来政策发展的方向给大家一些前瞻性的指导。

第八章
个人财务目标——财富管理的基础

简 介

成功地管理财富的基础在于审慎地评估个人的财务目标。这些目标的具体特征决定了相应的策略、收益要求和我们应该承担的风险水平。当然,这些听上去很简单和俗套,甚至是老生常谈,以至于我们可能会忽略了这第一步的重要性。

我们需要的并不是对目标的轻易认可,这一点不只是在仔细制定财务策略时,更是在做其他任何工作时都成立。但是很多时候,甚至在设计大厦之前,人们就急着搬出工具箱并开始建造。我们首先应该了解我们想要的，随后才能明确我们需要什么；然而在远没做到这些之前，每个人都急着将有趣的技术和策略付诸实践，在寻找问题时就急着部署解决方案。

我们的欲望中有个"根本之本"很容易被忽略。"很简单啊，我想致富（更富）。"这只是一个开始，但它确实没有太大的帮助，因为根据生活舒适度的任何绝对标准，几乎可以肯定你已经算"富有"了，你已经比很多当代的中国人富有，而且比大多数上一代的中国人富裕多了。财富是相对的：无论你已经拥有多少，总是会有其他人拥有得更多，但是也许你已经比很多人拥有了更多的财富！因此，"致富"或"变得更富裕"并不适合作为目标，因为你永远不会知道什么时候会达到这个目标；不论你碰巧走到哪里，这个目标可能又往前走了一段。

同样的，把目标定为"保增长""保本"或"高额回报""低风险"几乎不能提供任何真正意义上的指导。这些术语实际上描述的是一些笼统的集合，却没有真正明确在这个集合中你想要的定位在哪里。更糟的是，随着时移世易，这些术语的意义很容易被误解。即使通货膨胀已经侵蚀了购买力，"保本"仍然意味着名义价值没有任何损失？一旦面临相应的风险，通向"更高回报"的做法真的能满足你的需要？如果相关的低回报率只产生有限的资源，"低风险"还合理吗？

"你为什么有这些目标?"一个简单的回答是："因为我想。"在你可以独立地给出这个答案之前，你的目标不能算是真正地确定了。真正的、可执行的目标是为了某个特定的目的、在特定的时间去消费财富，而且只是因为你想。

消费导向型目标

所有钱都是要花的。财富的命运就是它会被某个人，在某段时间内，基于某些目的而消费掉。要么是我们自己来花钱，要么是我们的家人，要么是慈善机构，要么是政府（通过税收），要么是小偷。应该由我们自己（在税收和其他法律的一些限制下）来决定谁来花，花多少，为何花，何时花。

所以与其"保存资本"，我们不妨将目标定为"不管资本最终如何改变，我都"能够退休而不需要再忙碌工作，并且有足够的财富来负担当前的生活水平"。资本可能得以保持，或者可能增长，或者可能减少。所有的这些可能都是我们此时的真正目标——负担自己的生活开销——所可能对应的结果。

根据财富的消耗来制定我们的目标有两个主要优点：有动机和可度量。

1. 有动机。即使一个人非常有钱，适当的财务资源管理也往往需要做出一些困难的决定。如果我们了解一项特定的举措会实际提高我们"花我想花"的可能性——或者不采取这个举措会降低我们达成目标的可能性，那么在做出这些决定时会更加容易。"为了以后能有足够的资源来送孩子到他们自己选择的大学学习，不管这个学校在国内或在海外"，很多人都宁愿为了这个目标做出减少当前生活舒适度的牺牲。而大多数人却不会仅被"低风险"这个前景所驱动。

2. 可度量。如果你能用具体的数字来说明目标，你和你的财务顾问就可以知道，目标是否正在达成或者正在取得相应的进展。这种持续反馈的约束能够让你坚持目标，或者在境况渐变的推动下使你修改目标。同样，你有可能决定修改策略，或"加快"或"减慢"，使之与预期目标保持步伐一致。如果你仅用模糊的、概念上的术语来陈述目标，你永远不会真正知道是否需要改变方向或改变速度。

有期限的目标

消费导向型目标有一个具体而且重要的方面：我们希望何时可以实现这个目标？因此，在上一节里提到的退休目标，一个更周密的表述是"从现在开始的 5 年后，在 55 岁时，能够退休并且保持目前的生活水平"。

要使一个好的既定目标具有可度量性，这个时间维度必不可少："我是在按计划完成我原本打算做的事情吗？"对可度量性中的反馈约束而言，时间维度也是不可或缺的："如果我没有按计划进行，在剩下的时间我该怎么改进？"

在对投资回报形成预期的过程中，时间可能是最重要的变量（详见第十一章的讨论）。根据投资组合设计中的最重要的理论，投资的期限越长，投资的结果越有可能被成功预测。因此，如果对投资期限有一个清晰的认识，你就能够更好地配合投资策略来实现自己的目标。对于一些目标，时间期限可能较长，所以策略可以放宽；对于另外一些目标，时间期限可能较短，所以可能需要更激进的方法。

有主次的目标

一旦大家开始根据这些条件来考虑问题，有可能会发现在特定的时间，为了特定的财富消费，自己有很多的理财目标；甚至非常富有的阶层也有一些他们永远也达不到的目标。所以，人们可能无法避免地要给目标定出一个主次顺序。举例来说，能负担得起你的孩子在国内上大学的教育经费可能比给他提供在海外名校的教育经费更重要。或者，能够在 60 岁前舒适退休可能比在 55 岁时就实现舒适退休更重要。

我们的某些目标完全有可能被牺牲掉，就是为了达到我们的另外一些目标。但是，如果我们对众多目标的主次没有一个清醒的认识，就不可能找到一个决策框架能够适用于我们的整体财务计划。特别是就富裕人士而言，他可以并且应该同时追求多个目标。然而，每个目标的具体达成策略，所追求的风险和预期收益水平可以有很大的差别，甚至可能会出现不一致的情况。

例如，一个人用来实现"在 60 岁时舒适退休"的投资策略可能是相对保守的，而用来使他可能"在 55 岁时退休"的资金被配置到了较高的风险（追求高收益）选择上。如果这些风险较高的投资得到了高回报，这一结果再加上那些同时为"在 60 岁时退休"而积累的资金，可以使他达到"在 55 岁时退休"的目标。如果他寻求的"55 岁时退休"的目标回报功亏一篑，至少它们还可以助他一臂之力，帮他实现"在 60 岁时退休"的目标。

总 结

我们应该习惯有一个以上，甚至很多个财务目标，它们可以有着不同的时间期限以及不同的优先级。一个收入微薄的人可能需要付出全部的资源才能过上舒适的生活。一个有更多资源的人可能想要现在先购买住房，从现在起大概 10 年后给孩子提供优越的教育，并进一步能够在 60 岁退休。即使是一个富有的人，可能在当下也不得不做出选择，要么做一个在当地有影响力的慈善家，要么做一个小的风险投资家。把目标放到这个时间期限和优先级的框架中之后，对于许多金融决策，尤其是投资选择，我们会更容易理解并且更有信心地去实施。我们自己也将更放心，因为我们知道自己正在尽全力来达到那些最重要的目标，并且有很大的把握能够及时地实现它们。

▶ 简介

▶ 现金流的预测

▶ 现金管理计划的目标

▶ 实施现金管理计划

简 介

全面理财规划的基础在于有条理的现金管理。特别是当我们只有相对适中的资金时,有效的现金管理往往具有重要的意义。有足够的可用资金来支付预期花费、应付一些突发事件、避免尴尬的资金短缺,并最大限度地减少昂贵的短期借贷,这些是大多数人的财务规划中的常规参数。但是,即便你非常富有,并且你的财富管理主要涉及的是更具挑战性的问题,比如金融资源的长期安排和运用时,需要记住的是,这些资源大部分开始于现金又结束于现金。在收入高和资产大的情况下,现金的流入和流出可能非常大。这些都不容小觑。

现金流的预测

高效现金管理的第一步是预测未来至少两到三年的净现金流。这将确定过剩现金流或赤字的额度，以及它们出现的时间和原因。根据这个展望，我们可以在现金流过剩的年份更好地规划资金的使用，并且可以在赤字出现的年份最大限度地减少筹集资金的成本。例如，如果一项现金流预测显示，在第三年会出现赤字，你可以将前两年的过剩现金流投资到流动性相对较强、风险较低和期限较短的投资中，或提前安排，以确保有充足的资金可以满足需要。否则，你可能会将资金过量地锁定到长期投资中，却发现必须将资产很昂贵地套现，或将在最后一分钟面临不利的融资窘境。

对于许多富裕人士来说，现金流量预测中会出现一系列"赤字"，因为计划的支出持续不断地超过可用的现金资源。对于成功的管理人士、专业人士和企业主，这往往是他们从活跃工作到退休之后的常态。对于工作多年习惯了非常可观的现金不断流入的人士，这通常需要时间来适应。在短期内，出售资产（或利用资产来抵押借贷）通常可以弥补这些不足。但是长远来说，你和你的财务顾问必须确认可用的资产是否足够多，而且要持之以恒地进行这种确认。

现金管理计划的目标

一个完善的现金管理方案将会满足我们的几个需求：它将有利于支付定期生活费以及满足其他已知的现金需求。它会考虑到在紧急情况下可能产生的对现金储备的需求。它也能将过剩的资金积累起来以供日后长期投资。

尽管这个主题可以有各种表现形式,高效的现金管理计划将最有可能涉及以下几个层次:

- 定期(每周,每月,每季度)生活费
- 其他预计现金需求
- 紧急流动性储备
- 投资资金池

对于大多数人来说,更加重要的是退休时的现金管理策略。退休往往标志着规律性的、周期性的高收入的结束,以及对现有投资更多依赖的开始。

实施现金管理计划

银行现金账户

"我雇一个簿记员帮我记账不就行了?"一些很高净值、很高收入的人士的确雇用簿记员支付账单、保留记录并且全面地管理他们的现金管理系统。但是即便是他们,也必须了解自己的现金管理系统的基本框架以及要实现的目标。还有很多人在家庭现金账户方面是坚定的"自己动手派",对他们而言,对细节一丝不苟的了解是至关重要的。

现金管理计划的重点是有一个账户具有开具支票的功能(这一点可能在海外更适用),能接入信用卡和借记卡,能在自动提款机上使用,并有透支保护的功能。为了顾及这些不同的来源和功用,通常我们应该有至少两个现金管理账户:一个用来支付预期的日常开支,以及一些较大的和较不频繁的现金需求；另一个用于应急流动性储备和投资累积资金池。任何需要单独记录的变动，诸如出租的房地产投资等，都可以用一个额外的"专用"账户。

我们应该给每个账户设置限制。例如，可以将生活花费账户限制为只包括每月的平均开支，以及一些确定的大额现金需求。这些不太频繁的、金额较大的现金需求可能包括保险费、旅游度假费或学费。

然后，我们可以将超过这些款项的现金流直接导入应急流动性储备，或者导入一个单独的投资积累账户。

应急流动性储备

关于我们应该准备多少现金或等价物傍身"以防万一"，这个问题存在不少迷思。

在确定你到底需要多少"现金库存"时，严谨一点通常会有帮助。例如，如果你的住所或车辆遭到损坏，应该考虑到保险或者短期借贷也可以助你一臂之力。也许你手头上只需准备与这些保险政策所相关的"扣除额度"就行了。（见第十五章中关于保险保障范围的讨论）

在有些"紧急情况"下，流动性资源可能特别重要，一个例子是工作发生了变动。通常情况下，高收入者可能需要好几个月，或许要迁居到不同的城市，才能最终确定下一个职位。"半年的收入"这个常用的标准是一个不错的参考值，但只是一个参考。"半年的收入"这个数字中可能包含了大量的税负，也可能包含了大量的或将用于净投资的现金流。当失掉工作时，你没有赚钱就不用缴所得税，在这种紧急情况下你也不应该试图保留多余的现金流；相反，这恰恰是原来（或未来）多余的现金流可以帮上忙的时候。因此，"半年的收入"这个参考标准通常应当打折扣，你只需要准备足够支付6个月生活费的金额就行了。一个合适的金额上限大概相当于仅仅3个或4个月的总薪酬，这足够你舒适地过渡到新的就业机会了。

　　应急准备金也给你和你的财务顾问提供了足够的时间,你们可以评估对长期投资有影响的市场条件。因此,如果你的长期投资能够随时变现,应急准备金的上限即使已经低到只有 6 个月的生活开支,仍然可大幅降低。你的投资组合里的波动性较低的股票或者债券成分,结合你保持的短期"投资积累资金池",已经足够应付不时之需,可以让你不再需要预留任何额外的资金。

投资积累资金池

　　当你已预留了用于生活费的资金并且准备了足够的应急储备,任何额外的净现金流都是可以用于投资的资金。

　　这个"投资积累资金池"主要是为了方便管理。它帮助你根据一个整体的投资计划尽快地将资源投资出去,同时可以避免使用过少的资金或过于频繁地去投资的麻烦。

　　然而,或许你可以完全跳过这一步,这取决于你一年有多少可投资的净现金流,以及你的收入来源。例如,如果你预估每年的净现金流积累为 10 万元,现在你有望在年初 1 月份收到 20 万元的奖金红利,那么这些奖金红利中的 10 万元立即可以拿去投资。马上把这 10 万元投资出去也确保了它不会在无意中被花掉。

　　由于这种积累账户的目的是为了使其中的资金投资出去,为了避免资金被限制得太久,我们应该定一个账户"触发点"。触发点可以确保我们不会过于频繁和少量地做出新的投资承诺。如果你每年的净现金流量比较大,也许在每个季度结束时,可以考虑建立一个定时触发点。相反,如果你的净现金流量比较小,可以考虑定量触发,例如,设为至少 5 万元,即使你可能需要经过 3 个月才能积累到这个额度。

　　下面的系统流程图描画出了上述现金管理计划。需要重申的是,原则是要将现金资源尽可能快和尽可能自动地通过系统通向投资积累资金池来进行长期投资。

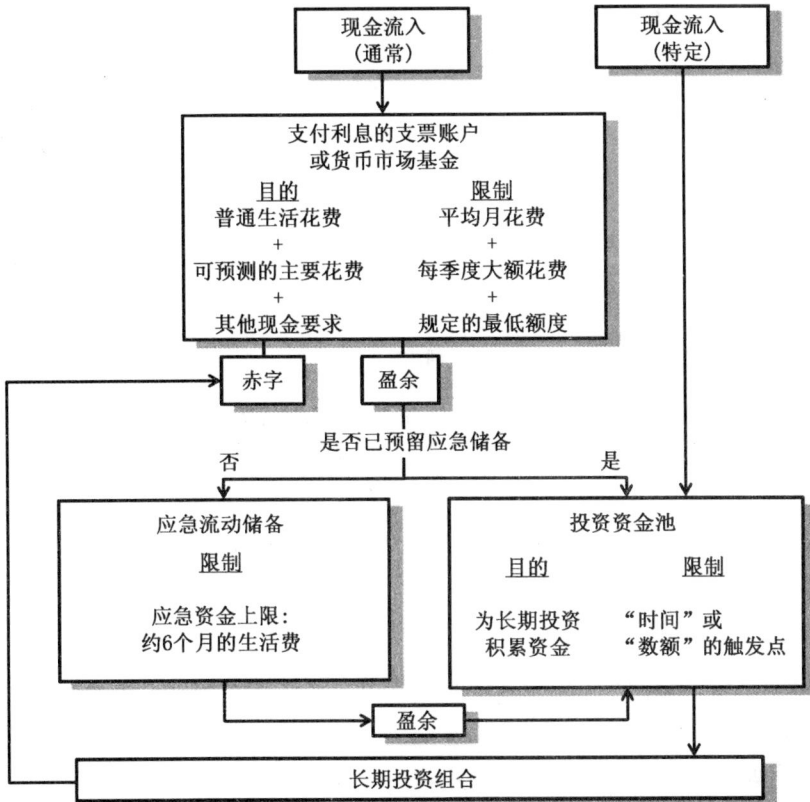

```
┌─────────────┐              ┌─────────────┐
│  现金流入    │              │  现金流入    │
│  (通常)      │              │  (特定)      │
└──────┬──────┘              └──────┬──────┘
       │                            │
┌──────┴────────────────────────┐   │
│      支付利息的支票账户         │   │
│      或货币市场基金             │   │
│   目的            限制         │   │
│ 普通生活花费    平均月花费       │   │
│     +              +           │   │
│ 可预测的主要花费  每季度大额花费  │   │
│     +              +           │   │
│ 其他现金要求    规定的最低额度    │   │
└──────┬─────────────┬──────────┘   │
    ┌──┴──┐      ┌───┴──┐           │
    │ 赤字 │      │ 盈余 │           │
    └─────┘      └───┬──┘           │
         是否已预留应急储备            │
      否            │         是      │
┌─────────────┐    │    ┌───────────┴──────┐
│ 应急流动储备  │    │    │    投资资金池      │
│   限制       │    │    │  目的      限制    │
│             │    │    │ 为长期投资 "时间" 或 │
│ 应急资金上限： │    │    │ 积累资金  "数额" 的 │
│ 约6个月的生活费│    │    │          触发点    │
└──────┬──────┘    │    └───────────────────┘
       │      ┌────┴──┐
       └─────▶│  盈余  │
              └───┬───┘
┌─────────────────┴──────────────────┐
│           长期投资组合               │
└────────────────────────────────────┘
```

现金管理计划

第十章

个人税务规划

简 介

在中国,随着经济制度由计划经济转型为市场经济,民营企业创造盈利和个人积累财富的情况逐渐增多。现在对私人消费、私人收入和国有企业的收益征税基本上取代了之前一切经济价值均属国有的情况。由于这些仍是相对较新的情况,比起发达国家,中国的税收制度在许多方面显得简单得多。但是,正如所有的税收制度一样,中国税法的意义并不只限于为国家带来收入,它也试图提供激励或惩罚措施,从而促成一定的社会或者经济结果。因此,整个税收系统背后并没有单一的主题或者逻辑。你自己选择的经济行为很大程度上决定了你付出的税收总额。你消费或者赚钱的方式将影响你的整体税务风险。因此,作为你整体财务计划的一部分,注意这些激励或者惩罚,将帮助你更好地实现财务目标。

有些情况下,某种活动或事件可以完全免除部分或全部的税收(例如,获得保险赔偿收益,或者由财政部发行的债券利息,或者基本养老保险收入)。与其他许多国家的税收制度不同,中国税制中"一般扣除"的情况很少发生(例如,慈善捐款并不会享有"一般扣除"),详见下面收入税章节中的关于慈善税收扣除机会的具体讨论。在中国,各种税收补贴只是体现在税收适用的支出或收入中,或者征税适用的初始门槛上。一些税种是按"统一"税率,如出售物业的收益;另一些税种的税率则急剧递增,如根据收入水平,税率从3%升至45%(对于某些形式的房地产升值,税率甚至高达60%)。基于"收入更高的纳税人能更好地承受较高税收"的理念,世界各地的许多税收制度中普遍存在这种"累进"的税收形式。

世界各地的经济学家都在辩论这个问题。一些人认为累进税是一种比较实惠的方式,通过让一个经济体中最富有的人支付更大份额的总税单,间接将财富转移给那些财富很少的人。另一些人则认为累进税一方面给懒惰和懈怠提供了不良的动机,另一方面给努力工作和勤勉创业实行了惩罚措施。我们无法化解这些争辩,只能敦促大家去了解不同的规则,并对各自的经济行为做出相应的管理,从而更好地实现自己的个人目标。

增值税和其他消费税

中国税收总额中的很大一部分(在2012年超过其他任何税种,占税收总值接近30%)是通过对商品和服务征收增值税(Value Added Tax, VAT)而获得的。对于消费者,这种税收在很大程度上是隐形的,因为它已经包含在你所购买的商品和服务的价格之中,并加收在制造商、加工商、商户等长长的潜在购买链条上。虽然有些商品和服务比另一些能享受更优惠的增值税税率,在你的消费范畴中,"必需品"方面的决定大概不会受这些隐含税率的影响,但是,如果你经营一个小企业,则可能需要直接支付增值税,在简化的征收办法下,增值税占你的销售总额的 3%。

有些购买决策有可能会受到税收的影响,尤其是在某些非必需品或奢侈品的购买上,这类商品通常被征收一种额外的消费税(2012 年占税收总值的 8%以上),比如烟、酒、化妆品、珠宝及高档手表和机动车等。因为对于排气量最大的汽车,机动车的消费税税率可以高达 40%,外加占购买价格的 10%的车辆购置税(2012 年占税收总值的 2%以上),以及可能适用的关税,所以,私人汽车的税收可以说是一个显著的负担。在中国,拥有私人汽车或许是财富成就的标志之一,不过显然不是很划算。如果显示这份财力对你来说不是很重要,并且公共交通方式比较方便的话,你不妨省下这一大笔购车及相关费用,去尝试实现一个更优先的财务目标。

最后,**营业税**(2012 年占税收总值的 15%以上)是对多种商业活动的一般销售总额征税,税率为 3%或 5%不等,相对较低,主要用于资助当地政府的活动。如果你从事相关行业,就应该缴纳相应的营业税,不过这些可能不会对你的个人财务规划决策造成影响。

所得税

所得税有两大类别:企业所得税和个人所得税。

企业所得税(2012 年占税收总值的 21%以上)是对企业的净收入征税。它享有一种特殊的补贴,可以弥补前 5 年的任何损失。对于居民企业,实行 25%的统一税率;一些合格的低利润企业有资格享有 20%这个更加有利的税率;某些新兴的、以技术为导向的企业有资格获得 15%的税率。如果企业尚未在中国设立机构,但是有来源于中国的收入,则采取 20%的统一税率。为了避免对企业收入的双重征税,中国与其他许多国家,特别是重要的贸易伙伴签订了税收协定。如果你是一位企业主或正在管理这样一个企业,无疑你会清楚地意识到这些税收对企业的影响。但是,这种税收对你个人财务决策的影响可能微乎其微。不过,我们下面将要讨论的税种对你的影响可能比较显著。

个人所得税有一些重要的子类别,根据个人收入性质的不同,税收负担也不同。个人所得税对永久居住在中国,或者即使在其他地方有永久居所但现在中国居住已满 1 年的人,就其来源于中国和其他国家的收入进行征税。对在中国既没有固定住所又不是中国居民,但是有来源于中国的收入的人,就其来源于中国的收入征税。当然,有税收协定使得在上述两种情况下可以避免收入的双重征税。

与大多数发达国家的情况不同,在中国,个人所得收入只占税收总收入的一小部分(2012 年在 6% 以下)。然而,这并不意味着你可以对它的影响不闻不问。正如我们将要谈到的,有些收入的适用税率可以高达 45%;当你选择用什么方式达成关键的财务目标时,这些在各自子类别中的差异可能产生显著的影响。

个人所得税对整体税收收入的低贡献,可能反映了私人财富在中国的发展现状。随着中国全民整体收入和财富不断朝着目前城市精英们的水平推进,这类税收收入很可能会占到整体的更大一部分。下面具体谈谈个人所得税中的子类别和应税项目。

- **工资薪金税**:初始工资享有税收减免,即每个月最初的 3 500 元工资是免税的。与之类似,你缴纳的基本养老保险(见第十四章)和其他有机会缴纳的"五险一金"(例如,强制医疗保险和住房公积金等)在计算税率前也会扣除。在这些月度扣除水平之上的收入,税率从 3% 开始,按 10%、20%、25%、30%、35% 逐步累进,在月收入高于 8 万元的水平上达到 45%。外籍个人在月薪达到 4 800 元之前是不需要缴税的,在此之上的薪水所适用的初始税率为 3%,然后逐步升级,同样在月薪 8 万元时,税率达到 45%。需要注意的是,这部分税收只是针对活跃工作时期的收入。基本养老保险所发放的退休金是不需交税的(详见第十四章),但是通过补充养老保险和商业养老保险发放的收入是需要交税的。

报税是按年自愿申报给税务机关的。然而,税收的额度是按月计入的,并且为了符合税法的规定,一般是直接代扣代缴。3 500 元的免税工资额度,以及上缴的基本养老保险等"五险一金"部分都会从当月的计税额度中扣除,而且累进税是按当月的收入余额计税的。如果你的收入在一年中变化的幅度比较大、不是很平均,你可能会发现某些月份的收入比其他月份的适用税率更高。为了减轻这种税收负担,如果你在某个月收到一笔奖金,你有权将这笔奖金平均到 12个月来计税。然而,这样的机会每年只可以使用一次。如果在一年中你有两个月都收到奖金,你只能将其中之一平均到 12 个月来计税;而另一个月份的奖金将完全按照该月的边际税率来计税。例如,如果你在 4 月份收到额外的 3 万元奖金,在 12 月收到额外的 6 万元奖金,你应该选择将 12 月份的 6 万元奖金平均分配,按每月 5 000 元计入税收收入,而将 3 万元的奖金按照 4 月当月的收入计税。

• **慈善捐款扣除**:慈善捐款所带来的应税扣除在金额和用途方面都有一定的限制。只有捐给红十字会的赈灾捐款,或者通过政府授权的慈善机构捐献或用作其他用途的捐款,可以准予扣除。你可以向政府机构指定你在捐款用途上的偏好,但最终的决定权还是在该机构的手中。此外,可扣除的金额不得超过一个上限,计算方法为个人当月收入减去初始的 3 500 元扣除额度以及支柱 1 和其他的强制性付款之后,余下余额的 30%。因此,如果当月的收入为 4 万元,而支柱 1 和其他强制性缴费为 5 000 元,那么最高的慈善捐款额度将为将 9 450 元([40 000－3 500－5 000]×30%＝9 450)。在这种情况下,慈善捐款后的剩余金额 22 050 元(40 000－3 500－5 000－9 450＝22 050),是需要缴税的。如果当月的慈善捐款额度(以上的例子中为 9 450 元)没有用完,剩余额度是无法转移到下个月或以后使用的。

- **个人独资或合伙企业或承包经营、承租经营企业**:类似于企业所得税范畴,这里个人所得税适用于个人小企业的净收益,但并不是按通常的统一 25% 的税率征收。当每年净收益在 1.5 万元以下时,该税的初始税率是 5%,然后逐步递增;当每年净收益是 10 万元以上时,达到最大税率 35%。请注意,这个最高边际税率比工资薪金的最高适用税率要低 10%。因此,一旦业务的总收入足以超过其支出,经营自己的企业可能会比被雇佣有更多的边际税收优势。

- **劳务、特许权使用费、租赁收入**:在某些扣除标准之后(通常收入总额的 20% 是不纳税的),每个档次的支付比例如下:第一个 2 万元是 20%,接下来的 2 万～5 万元是 30%,最后,超过 5 万元的部分是 40%。同样,这些形式的经济活动比起工资薪金来税务风险更低,特别是如果每个单笔支付都可以在 5 万元,甚或在 2 万元的税率上限之下。

- **财产转让所得税**:通常对个人而言,这可能是最有利的收入类别,因为该税种采取的是 20% 的统一税率,而且一些重要的收入类别可以完全不纳税。它适用于股息、利息以及出售资产,例如出售持有的房地产所得款项的净额。一般来说,只有这些资产的增值部分需要缴税(最初的购买价格,或者说基数是免税的),其他一些相关税费(详见下文)也可以事先扣除,再按 20% 的税率征税。但是,要注意下文会提到,如果长期持有上市公司股票,其红利所得享有特别的税收减免,特别是上市公司股票投资组合的增值部分也是可以免税的。财产增值部分的缴税是分项进行的。出售资产时发生的损失并不能抵税。这种对房产的增值部分征税,却不允许抵扣损失的税收政策,某种意义上是政府抑制房地产过度投机的手段。因此,投资者在选择购买房地产时应该格外慎重。

银行利息、政府债券以及私人借贷的利息所得是免税的。

重要的是,卖掉证券投资组合,比如股票和债券等,所得来的收入目前是不需要缴税的。这种"投资"证券组合上的免税政策很大程度上刺激了私立公司转成上市公司,因为这样可以减少因为股权增值而产生的税负。当然,这并不是说私立公司上市本身是一件容易或者低成本的事情,而且上市也只是对足够大的、能达到上市标准的公司才成立。不过在合适的情况下,上市确实给私立公司股票持有者带来了巨大的税收优势。而且为了阻止股市交易中过多的短期行为,最近(2015年9月)国家出台了一项新的规定:如果持有某上市公司股票的时间超过1个月,只用按该股息收入一半的价值征税;如果持有该股的时间保持1年以上,股息收入将完全免税。

我们应该看到,虽然其他税项可能对**不动产**销售产生额外的显著影响,但一般说来,这种**投资**行为上的税收负担倒可能是较轻的。特别当你的投资标的是由上市公司证券构成的组合的时候,这种税收上的好处尤其明显。因此,在追求自己的长期财务目标时,你应该最大限度地利用这种税收优惠来选择投资。更进一步,在选择是受雇于别人的企业,还是拥有一个自己的生意或者投资事业时,你不妨将这些税收政策上的优惠也考虑进去。

土地增值税等房地产交易费用

土地增值税一般是只针对房地产开发商征收的一个税种。作为政府（国家和地方政府）产生必要收入和抑制房地产过度投机的手段，土地增值税作为一个特殊税种是在售卖时对土地增值部分以 30％ 的起点税率来征收的。这种对于土地的总增值部分的税收是累进制的，当土地增值达到 200％ 以上时，税率达到最高点 60％。当然，土地增值税的影响会表现在开发商卖房的房价中。但重要的是，对于政府有公共用途的土地交易，以及个人间住宅的买卖，这个专项税种是不适用的。

但是，还有一项能够用来防止短期房地产炒作的特别税种是适用于个人住房的。这是一项税率为（现在卖出和原来买入价差的）5％ 的营业税，它适用于任何住宅的售卖。如果该房产是你唯一的住房，你在此居住了 5 年以上，并且拥有完备的房产证明，那么这项税收可以免去。

然而，不管怎么说，你实际上仍然需要缴纳契税。正常售卖房产时所需要的房产证并不是免费的；要得到房产证，购房者在购买房产时必须缴纳契税。根据地方政府的规定，契税通常为房产买入价格的 3％～5％。如果你购买的房子是你的唯一住宅，契税的税率可以减半；如果这套唯一住房的面积较小，而且并没有比当地房产的平均价格高出很多，契税的税率可以降为 1％。

房地产交易中还涉及的税费有买卖双方都需要支付的小额印花税（0.05％）、城建税（营业税的 7％）、教育费附加（营业税的 2％）及其他的与房产面积有关的小额税费，通常这些税费在交易发生时由房地产经纪人代为扣缴。当然，除此之外，还有 1％～3％ 的房地产经纪费（淡季还可以进一步打折）。在将来你由于转让房产而需要缴纳 20％ 的房产转让税时，上面提到的税费和出售住房时缴纳的营业税是可以扣除的。还要注意的是,为了增加地方收入以及扼制过度投机,政府有时会(在特定的城市或地区)试点一些新的政策。比如在上海和重庆,对于(相比于家庭人数)很大的住宅,目前正在试点征收"房产税",日后这个政策也有可能向全国推广。

除了和房地产**交易**相关的这几项税收和费用之外,当房产用于某些商业**用途**时,还需缴纳大概每年1%的土地使用税。

在中国这个快速城市化的经济体中,房地产业呈现出明显的投资收益机会。然而关键在于,要认识到它带有潜在显著的税收和其他交易成本。正如我们将在下面三个章节的相关部分中讨论到的,特别是在使用杠杆(债务)的时候,房地产投资还伴随着相当大但却经常被忽视的流动性不足和过度投机的风险。

第十一章
投资规划——策略基础

简 介

　　这一章的目的是列出用来制定投资策略并实现你的财务目标的一般准则，然后给出用来构建适当投资组合的相应规划。在下一章中，我们会对用来实现该规划的各种具体投资工具做一个基本回顾。但是，在选择工具和原料来完成投资规划之前，首要地是先确定它应该是什么样的。

在投资过程中，在有能力的顾问的"训练"下，需要你对下述几点做一些直接决策（或委派他人决策）。从你参与的必要性角度而言，这几点的重要性递减；而对顾问作为教练（和/或委托人）的角色来说，重要性递增。

> • 制定有时间限制的、消费导向的、可以测量的投资目标
>
> • 评估实现这些目标的可行的时间安排
>
> • 确定资产配置
>
> • 选择具体投资工具
>
> • 实施策略：选择投资经理，资产空间管理，考察税收问题，购买、出售、监控投资业绩和重新平衡（Rebalance）投资组合

定义你的目标

所有的金融投资都涉及投入当前的资金以期望未来衍生更多的财富。换句话说，投资是推迟当前的满足以换取未来的报偿。但是，为什么放弃当前的满足？为什么要投资？尽管最直接的答案可能是"增加财富"，但从规划的角度来讲，更加有意义的是确定具体的目标。例如，你可能想确保你有能力负担某一大项未来支出，如孩子的教育。或者你可能想要积累更多的资源，以避免在退休后生活水平降低。有人可能担心提早过世而想改善身后亲人的财务状况。一个更加雄心勃勃的目标可能是在年轻时就积累足够的资金来实现财务独立，不再需要依靠就业收入。

当然，以上并没有把所有可能的目标完整地罗列出来，仅是这寥寥几个目标，就可以衍生出完全不同的投资策略。问题的关键是，一旦你确定和量化了投资的具体原因，达成这些目标的重要性（以及达不到它们的后

果)会变得更为明显。此外,在所有可能的投资机会中,我们也可以更加精准地对焦那些适当的选择。

确定优先事项

一旦确定目标,你就应该按照重要性列出它们,这个重要性是针对你自己而言的。要做到这一点,对实现每一个目标所涉及的风险,你都需要评估你的承受能力或者偏好程度;因为一般来说,投资回报水平和你愿意接受的风险程度是正相关的。

要确立你的风险承受能力,首先要分析和判断为了实现自己的目标,你需要在相关时间跨度内所达到的普遍的收益水平。基于历史业绩和对市场情况的仔细研究,你的财务顾问可以帮你提供相关的信息。

经过这个目标驱动的过程,你可以得到至关重要的、构建投资组合方面的想法,比如风险和收益的适当水平,来回答如下问题:要实现你的目标,什么是必要的或者可行的? 这里并没有什么先验的"正确"的答案。

然后,你的顾问可以尝试在满足你的每一个目标时,让你承受尽可能少的风险。这里的关键是让你的投资计划分出层次,并与你要实现的目标相匹配。如果你通常厌恶风险,那么目标的先后顺序应为"最关键的到最次要的"。如果你是喜好风险的,那么目标的排序范围可能是"最没有野心的到最雄心勃勃的"。在这两种情况下,相对的排序是一样的,但你和顾问可以洞察到你是如何看待风险的。详见下面关于风险和回报的表格。

风险、收益和投资目标实现的相对概率

目标的层次	投资风险	投资回报	实现的相对概率
最重要(最无野心)	低	低	高
↑	↓	↓	↑
最次要(最有雄心)	高	高	低

因此，不管时间期限的长短，有的人可能会用低风险（低回报）的投资来追求关键的目标；这样做的同时，会缩减达到其他不太重要的目标的机会，除非他利用剩余的资金追求高回报率（高风险）的投资。另外有些人可能用高回报（高风险）的投资来追求雄心勃勃的目标，这样做的同时，会减少达到其他不那么有野心的目标的可能性，而这些目标，用低风险（低回报）的投资可以很有把握地得以实现。例如，你可能会用非常激进的投资方式来寻求很高的回报，试图在 50 岁得以退休，但是同时放弃不太激进的、能够让你更有把握在 60 岁时得以舒适退休的投资方式。然而，最常见的是，在一个人的整体投资组合之内，适当地涵盖低风险（低回报）和高潜在回报（高风险）的投资，以实现多个不同的目标。

一旦你将目标排好顺序，就可以确认每个目标的成本，确定可以用来投资的金额，并实施可能适用于各个投资组合层面的不同策略。

有不少现成的软件包可以协助你做出相关分析。一般情况下，目标是将你的当前和预期资源（流动资产、未来的资产价值、业务出售、未来储蓄、继承等）与你的财务目标（退休生活消费金额、教育经费、慈善捐赠、特殊采购等）匹配起来。这个分析是为了确定你是否已经或者能够积累足够的财富来实现自己的财务目标。大多数软件包会做某种形式的灵敏度分析，可以让你更深入地了解结果是如何随着某些变量而变化的，比如假设的回报率、通货膨胀率、消费水平和每年储蓄金额等变量，这些变化既可以是单个变量上的，又可以是某些变量组合在一起而变的。

投资的时间期限

选择风险和收益适当平衡的投资，不仅涉及对目标重要性的了解，还必须考虑你有多少时间来实现所需的投资回报。

这可能是所有因素里最显著的一个，因为用于实现一个目标的时间期限——投资的持有期——往往会极大地改变几乎所有投资的风险状况。当持有期延长，业绩的预期范围将大大缩小。这对于风险较高的资产，比如房地产或股票，是一个特别重要的考虑因素。

因此，短期内的关键目标，比如负担一个青少年的大学教育，可能需要一个风险相对较低的投资组合，而支付舒适的退休生活这样一个关键的长期目标，所用的投资组合很可能非常不同。

通过分析时间期限和风险程度之间的关系，我们印证了一个常识：在短期内，将普通股票收益与固定收益债券工具相比，波动性使得股市比企业或政府债券等更具风险。虽然有些时候，股市在短期内大幅优于固定收益投资，但存在的风险是市场可能会变糟，也许糟糕到会产生大幅的亏损。

另一方面，在历史上，股市的长期持有周期生成的是一个强的正回报区间。美国股市的历史数据表明，经过大约25年的持有期，股票跑赢债券的可能性是非常高的。

或许令人惊讶的是，美国股市（相关的信息很充分而且时间跨度很长）的历史数据表明，无论持有的时间长短，在调整通胀后，股票的平均表现仍然相当稳定。从1926年以来，标准普尔500指数的实际平均表现（通胀调整后）超过7%，而风险极低的、非常短期的固定收益投资产生的回报在通胀调整后不足1%。

下图描述了自1926年以来，在通胀调整后，标准普尔500指数和52周美国国债在不同时间跨度上最佳和最差的表现。调整通胀后，就股票而言，最好和最差的两年回报率分别约为正60%和负50%；就美国国债而言，约为正17%和负16%。在图的右边，注意25年的时间跨度下，标准普尔500指数产生的收益率最高约为13%，最低约为2%，而投资美国国债的回报，每年再投资并持续25年而产生的回报率在正2%到负2.5%之间变化。

真实回报 60%

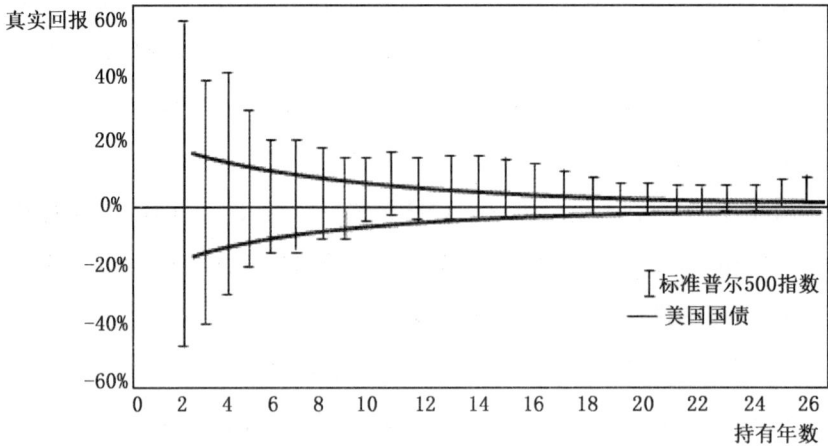

注:回报是调整通胀后的真实回报。

历史真实回报:标准普尔 500 对比美国国债

这些数据有力地表明,尽管股市几乎肯定不适合非常短期的、关键的目标,却可能是用来达成长期的甚至是非常关键目标的最佳投资领地。证据是:历史上股票回报的范围(波动性)会随着时间大幅度缩小,而且股票投资的真实(通胀调整后)回报会大大超过固定收益投资。这再次表明,可以用来达成一个目标的时间期限对策略来讲是至关重要的。

税收优惠

上图显示的历史结果并没有把税收考虑在内。对于中国投资者来说,与债券相比,股市所具有的潜在收益优势可能会更大,这是因为股票的回报大多是长期升值的形式,这个升值按中国税法是不必缴税的。正如在第十章讨论过的,对于长期持有的投资,股息收入会享有更多的税收优惠待遇。所以,公开交易的股票投资是非常有利的,尤其是因为大部分来自股票投资的回报,即价值增益,更是不征税的。

股票优异长期业绩的经济解释

要注意的是,这里的依据不仅仅是历史经验和结构性的税收优惠。这些风险和收益的结果反映了一个正常运转的经济制度的长期必然效果。固定收益投资产生固定的回报率,其本金通常受到其他资产的担保,反映出的是债务资本提供方的喜好,他们是"贷款人"。股权投资反映了资本使用者所要求的回报——他们是"借款人"。在总体上,随着时间的推移,在任何自由运作的资本市场上,资本的用户必须获得足够大的收益,可以既偿还贷款,又有足够的富余价值,这样他们才觉得精力花的是值得的,不然他们自己只做个借款人就好了。在一个持久的、资本可以自由流动的经济环境中,我们无法想象上述关系会逆转过来。

显然,任何一个"借款人"都有可能失败,而且很多人的确失败了,所以关键是要从总体上认识这一现象。同样明确的是,股市的优势业绩在短时期可能出现逆转,所以这种现象只能在长期来看才可靠。最后,股票与债券回报间的历史差值无法预测未来差值。未来的结果,甚至在较长的时间期限中,并不能保证和历史上股票优势的平均值一样好。与过去相比,超越固定收益投资的对股票的绝对偏爱可能更强或更弱。事实上,许多学者以及投资者认为,在未来股票溢价会降低。然而有一点是明确的,总体长远来看,有利于股市的价差会存在,并且必定存在。

历史与逻辑的教训又一次明确地告诫我们:如果资金的安全非常重要,而且时间跨度很短,那么你应该选择固定收益投资;尽管它们的回报率较低,但是它们的波幅较窄。相反,如果你投资的时间跨度很长,就可以有信心承担股票投资的短期波动,以便能获得更大的长期平均收益。股票收益主要是资本收益,这一特征可能适用的税收优惠更是一个额外的好处。

资产配置

当尝试为你的投资组合选择资产项目来进行配置时,你应该更深入地了解收益和风险这两个重要投资因素的特征和它们之间的关系。给定一个风险水平,你应该寻求最高的回报水平;或者,给定一个回报水平,你应该寻求最低的风险水平。

回报

回报是投资所产生的利润,可能以经常性收入,或资本增值,或两者兼有的形式而得到。这些分项的总和被称为"总回报"。

回报这个概念有一个应用,就是方便比较不同的投资机会。在这里,税前和税后收益率的区分是很重要的。一般情况下,我们使用税后回报率或税后收益率来比较不同的投资方案;这是因为有时候不同的投资工具可能享有不同的税收待遇。例如,持有时间足够长的投资,其资本增长可享受较低的税率。所以,在比较各项投资时,应尽量只比较税后的回报。

显然,你赚的总回报率对你的投资组合可以持续多久有着巨大的影响。你的顾问可以就资金需求给出更精细的分析。作为一个非常简略的说明,下表确定了总回报所需要达到的回报率。该表有三个组成部分:

(1)横向维度:税后总投资回报率(股息/利息/资本增长)。

(2)纵向维度:年消费占投资的百分比(扣除假设的 4% 的通货膨胀率)。

(3)表的主体:投资组合将持续的时间周期。

例如,假设你有 200 万元的投资,并希望每年能取出 10 万元(通胀调整后)。如果你的投资赚取的税后总回报率为 7%,下表显示,你连续 28 年取出 4％的通胀率调整后的 10 万元(初始 200 万人民币的 5％)。如果投资组合的回报率是 9％,那么你可以连续 52 年取出通胀调整后的 10 万元;如果回报率为 10％,那么资金将持续"下去"。

投资账户的年限

最初取出比率*	税后的总投资回报								
	2％	3％	4％	5％	6％	7％	8％	9％	10％
2％	34	40	50	66	150	永久	永久	永久	永久
3％	25	28	32	39	50	95	永久	永久	永久
4％	20	22	24	27	33	42	68	永久	永久
5％	16	17	19	21	24	28	35	52	永久
6％	14	15	16	17	17	21	25	30	42
7％	12	13	13	14	14	17	19	22	26
8％	10	11	12	12	12	13	16	17	19
9％	9	10	10	11	11	12	13	14	16
10％	8	9	9	10	10	11	11	12	13
11％	8	8	9	9	9	9	10	11	11
12％	7	7	7	8	8	8	9	9	10

说明:(1)＊最初取出的资金占初始账户的百分比,每年以 4％的速度增长。

(2)所有的数字四舍五入。

风险

风险,可以定义为可度量的投资亏损或者投资挣不到钱的可能性。有几种风险通常存在于任何投资中。对**所有的**投资都相同的风险是实际经济增长率的变化,它可能会影响投资本金的安全性和增长率。此外,还有通货膨胀或通货紧缩的可能性(及其比率的变化),它们会使投资回报在未来购买力上的不确定性增加。最后,当你决定在规划好的投资期限中间或结束后卖出某投资品,其市场价值可能已上升或已下降,或者可能只有少数的买者对这项特定的投资有兴趣。

要想很好地构建投资组合,你应该尝试识别和衡量不确定性的成因和影响。我们在下表中列出了投资风险的主要成分。

与回报相对应的风险

回报的成分	相关的风险
无风险回报:投资的纯时间价值	与经济增长有关的经济风险,以及对现在和以后消费的偏好
通胀溢价	购买力变化风险:以货币计算的名义值和以购买力计算的真实值之间的关系随着时间产生的不确定性
风险溢价:具体投资的具体收益特征	• 收益风险:当前和预期收益流水平的变化 • 本金风险:投资金额的未来名义价值的变化/或永久资本损失的风险 • 流动性风险:一旦需要,在到期日以外的时间清算本金所产生的不确定性

表中列出的回报的第三个成分通常被称为风险溢价,它对一个特定的投资或一类投资来讲是独有的。它有两个组件:系统性风险和非系统性风险。系统性风险是所有风险资产都具有的。系统性风险是在投资者已经将投资组合在风险资产中广泛分散化后仍然存在的风险。例如,给定公司的股票价格受到经济总体趋势的影响,比如商业周期、通货膨胀率的变化以及利率等,这些因素会影响公司的盈利能力,从而导致股价下跌。诸如此类的宏观经济因素会影响几乎所有的投资。例如,严重的通货紧缩会伤害股票价格,这是因为消费者预期价格下跌,就会停止购买商品和服务。这种消费行为导致经济活动水平减少,从而造成裁员和减产,这又进一步削弱了消费者的信心,从而加强消费者不愿花钱的倾向。对于投资者来说,价格下降压低企业利润从而导致股价下跌。当人们开始拖欠按揭贷款时,房地产价值也下跌。如果经济活动下滑的趋势仍然存在,在预期违约率上升的情况下,企业债券的价格最终回落。只有政府债券(而且大概只有几个经济最强国家的债券)可能会表现不错。但是,如果情况持续足够

长的时间,由于社会和政治大动荡的风险也随之增加,即使是这些超级安全的欠条,也可能变得不那么安全了。

非系统风险是与单个投资的特有因素相关的风险。某一债券可能会违约,给定的股票可能终止其分红,具体的公司可能被收购等。由于这些风险的来源独立于其他对经济整体造成广泛影响的因素,通过将投资分布在许多不同的资产类别和证券上,我们可以管理并降低这些风险。总之,通过有效的多元化投资,非系统风险可以大大减少(甚至也有人说可以消除),但是系统性风险依然存在。

流动性和市场性

人们有时会混淆"流动性"和"市场性"这两个术语。流动性资产指的是一种可以很容易地转换成现金,而不必遭受显著经济损失的资产。市场性是根据某种资产得以买卖的速度和容易程度决定的。流动性资产是容易买卖的,一般包括短期政府债券和银行账户。

正如第九章所讨论的,你应该评估自己真正所需的短期流动性的程度。在投资资产持有期,有些人可能对流动性并没有特别的需要,因为他们有其他可用的资产或信贷额度;而另一些人可能需要高度的流动性,但也许只是某个日期之后,比如退休后,因为在此之前他们可以依靠工资来满足现金需求。

不同资产类别所带来的回报和风险

明智的投资决策的核心是识别各类资产业绩的独特特征。很多人对这些差异只有一个模糊的认识。你的顾问应该彻底地掌握各种特定投资类型历史上在不同持有期下的平均收益率,以及这些平均值周围有可能出现的收益率分布。这些数据能够让你对未来的可能结果产生一个合理的预期。然后,那些收益预期可以和实现你的财务目标所必要的、可取的或者可承受的未来结果匹配起来。

各种资产类型的长期表现预期

资产类型	平均年表现预期	年标准差
美国综合债	4.40％	4.50％
新兴经济体主权债	7.40％	12.00％
美国大型股	8.50％	14.80％
EAFE* 股	9.20％	18.30％
亚洲除日本外股	11.50％	22.80％
新兴经济体股	11.50％	24.00％
私募股权	10.10％	22.00％
商品	5.30％	18.50％

说明：(1)根据不同来源推导而来的结论,可被视为在 2014 年对预期的平均结果的可信估计。

(2) * 欧洲(Europe)、大洋洲(Australia)、远东(Far East),指除美国、加拿大外的成熟经济体。

分散化和相关性

如前所述,任何常见的投资类别,如普通股票或债券,将其有效地多样化会大大降低非系统风险。也请记住,任何一类风险资产的多样化并不能阻止影响整类的因素(系统性风险)所造成的价值波动。

此外,就好比在具体股票之间或特定债券之间分散投资有益处,从投资组合整体上来讲,分散投资更有说服力。这是因为各类资产收益间的交互作用会极大地影响该投资组合的风险。在统计上,这涉及相关性这个概念:任意两个资产类别的回报在一定时间段倾向于一起移动的程度。

好消息是,不同类别的资产往往不会表现出完美的同步。当一些类别表现不好时,其他投资种类往往表现得更好。因此,在同一风险水平下,由非完全相关的多个资产类别所组成的投资组合倾向于表现出更好的整体业绩;或者在较低的风险水平下,表现出一样好的整体业绩。所以,当你评估任何单个投资时,至关重要的是要评估它相对于整体资产组合的风险,而不只是它孤立时的个体风险。下表列出了各种资产类别间可以观察到的相关性。

各种资产类别的预期相关性

资产类别	美国大型股票	EAFE股票	亚洲除日本外股票	新兴经济体股票	私募股权	商品	美国综合债券
美国大型股票	1						
EAFE 股票	0.88	1					
亚洲除日本外股票	0.76	0.83	1				
新兴经济体股票	0.80	0.86	0.97	1			
私募股权	0.86	0.71	0.64	0.67	1		
商品	0.64	0.68	0.65	0.69	0.55	1	
美国综合债券	−0.28	−0.13	−0.02	−0.05	−0.3	−0.13	1

说明:根据不同来源得出的结论,可被视为在2014年的适当估计。

虽然分散化降低了你的投资组合的下行风险,但它很可能也会限制上行收益。因此,按照目标层次匹配投资组合此时也适用。一个刻意的不分散的投资仓位可以用来瞄准你"最雄心勃勃/最次要"的目标。而对于瞄准更加重要目标的投资,想要提高它们的安全性,分散化是不可或缺的。

"有效边界"

在一个只存在唯一投资机会的虚构世界,个人的财务决策是相当简单的。一旦你确定并衡量好了目标,如果这个目标的确是可以完成的,你就可以根据这项投资的预期收益率简单地计算一下需要投资的金额,这项任务就完成了。不过,考虑到不断增加的庞大而复杂的可投资机会,你的可投资资产实际配置起来可能是非常复杂的。

因此,在设计你的投资计划时,要做出两组区分。首先,要同时考虑市场环境(什么样的投资是可能的)和你的个人境况(你需要或能接受什么样的投资)。其次,要区别分析单个投资工具和可以共建成一个投资组合的工具群体或类别。

最后一个概念是所有关于投资选择的主流思想之核心:根据风险和回报特征,优化出一组投资作为总投资组合。下图显示了"有效边界"这个概念:一条曲线描绘出了无限多组的投资组合,在风险或回报维度的任何一点上,曲线上的每个投资组合都提供了风险相对于回报的最佳关系。一般情况下,给定一个风险水平,投资者会寻求最高的回报水平。曲线下面的投资组合是可以改进的(回报更大,风险较小,或两者皆宜)。曲线上面并不存在投资组合(至少在没有借款的情况下是这样,后面将详论这一点)。曲线上的任何一点都同样"最优"。具体对你而言什么是正确的,要么取决于你想要/需要的回报,要么取决于你想要/可承受的风险。如果没有这种和你的具体情况间的联系,就可能没有"正确答案"。

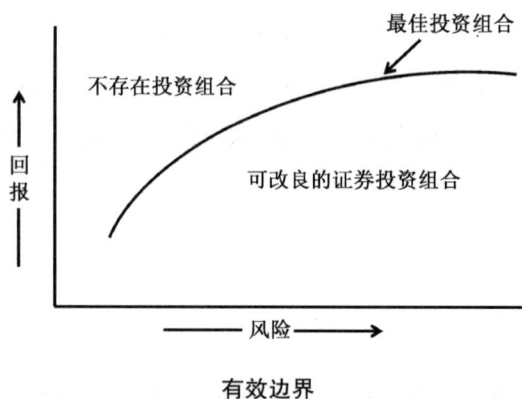

有效边界

鉴于做任何优化分析时,其初始值的准确性都有待商榷,你和你的顾问应该将聚集在有效边界曲线附近的投资组合都看成大致等同的。换句话说,有一个最优投资组合的区域或区间,其中任何一个都是对最优组合同样好的猜测，而有可能后来被事实证明是最优的。

大量研究已经证实，确定一个人在这个资产组合分布图上的合适位置，也就是说，确定你的"资产配置"，是实际投资成功的一个非常重要的组成部分。和许多一般常识相反的是，举例来说，选定"最佳"的特定股票、债券或共同基金，是一个没有什么作用的短期行为。最后，和大多数人的直觉相悖的是，持续性地找到正确的投资时机已被证明是几乎不可能的，所以长期来看实际影响非常小。此外，择时投资所花的工夫本身就是昂贵的，而且为了避免损失，也同样可能错过重要的机会。

有效市场

有效市场理论，就其纯粹的形式而言，有时也被称为"随机漫步"。该理论认为，投资品的价格反映了市场（也就是说，所有参与的买方和卖方）对相关的所有可用信息的评估，并且立即做到了这一点。

尽管很少有人认同这个理论的全部含义，但大多数主流顾问如今在一定程度上坚持这种观点，并认为各类投资都符合某种程度的市场有效。一些市场非常善于评估投资风险，另一些就不那么擅长。信息量大、交易多、流动性高、可替代品存在以及交易成本低的市场往往能够很好地发现风险，并迫使风险投资付出适当的高回报。在其他市场，如果交易相对较少、投资的单元规模大、信息专业化或局部化，而且交易成本高，会更容易捡"便宜"（高于支付价格合适水平的回报），或成为虚高价格的受害者（对实际呈现的风险来说过低的回报）。

各种有效程度的市场都存在，这有两个重要的意义。首先，如果你需要**可靠**的低风险投资，可以在非常高效的市场，比如国内货币和债券市场寻找它们。在这些市场中，高风险投资不容易被伪装成低风险投资。它们往往被发现，并被迫付出更高的回报。相反，如果你需要非常高的回报率，去相对非有效的市场（非常不引人注目的小盘股、外国股票、一些房地产、艺术品、小企业等）找吧，在那里有可能捡到便宜。

第二个意义是，在高度有效的市场中，激进的投资管理是白费功夫。你的竞争对手太多，而且他们掌握的信息也太多，以至于你不能指望能够实现**持续**的长期优势业绩。在不那么有效的市场上，你选择投资的技能和管理投资的努力会让你更有可能实现卓越的业绩。因此，**指数**或其他形式的**被动**投资在相对有效的市场这一端更合理，而仔细选取或拒绝具体单项投资的激进做法可能在另一端更合理。指数和积极管理这两种方法可以并且应该在你的整体投资组合中共存。

地域风险

最后说一说关于投资海外的话题。在你可以做到的程度上，应该扩大你的投资视野，而不是仅限于中国。这样可以有助于你在波动较小的经济体中享受到潜在更高的、风险调整后的投资回报率；享受到货币风险的分散化，并且在仍是发展中的国家享受到比中国未来更高的经济增长率。尽管中国在未来很长一段时间，很可能仍然保有经济增长和投资收益的巨大机会，但其他地区也存在机会。这在某种程度上是一个多元化的概念：将国际证券加入到投资组合中，一向能降低组合的风险。

海外投资风险的一个特定成分是货币汇率的波动。这可以使投资效果在或好或坏的方向上，弱化或者放大。货币对冲可以减少这些潜在的影响。然而，对冲本身是有风险的，而且往往是昂贵的。很多投资者在至少部分不对冲的基础上，选择投资海外股票，因为他们相信（希望）长期的、大体上的汇率变化（即人民币对合计外币贬值）也可以提供多一成的回报。

在第十七章我们会就这些机会做出更全面的讨论。

下图尝试将这里关于投资的讨论尽量总结成一个可视化的表达形式。它说明了总投资组合应该如何用不同的方式和不同的资产组建起来，从而合力达到投资者由主到次的一系列财务目标。

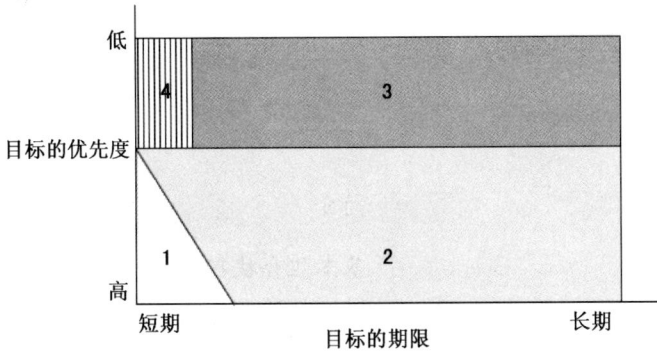

1. 现金或期限匹配的固定收益投资
2. 多样化的股票/国外和国内/房地产/商品投资
3. 非有效市场投资：单个房地产、艺术品、小商业
4. 单独交易的股票或控股

投资组合设计指南

第十二章
投资规划的实施

- ▶ 简介
- ▶ 基本组合技巧
- ▶ 超越基础的技巧
- ▶ 具体的投资工具

简 介

一旦你决定所持有的投资组合类别或资产类别以及总投资组合中分配到各个类别的比例,下一步就是执行。本章包含了一些对于成功实施投资组合非常重要的考虑因素。

投资,而不是"赌场"心态

要有效实施投资规划,最重要的方面也许始于你对规划的整体态度。与世界上其他许多地方相比,中国的资本市场仍然是新兴、不发达的。此外,很多中国"投资者"关注的是短期赌博性质的机会,而不是需要耐心的、长期的投资项目。例如,中国股市波动的程度高,可能是许多参与者的"赌场"心态的反映及其短期交易前景的总体影响的结果。随着时间的推移，更多的人对市场有了成熟的看法，这时中国市场将不再易变，更加稳定。以非常长远的眼光来开始你的投资，你可以从市场的最终发展中受益。

基本组合技巧

投资信息

正确实施你所规划的投资项目需要有机会获得广泛的市场信息，以及用来分析这些信息的工具，或者聘请财务顾问，或者定期获取一些为你处理相关事项的服务。每日从互联网、大众印刷媒体和广播媒体可以获得大量的市场信息、分析、观点，以及公司报告和政府文件中的公司具体信息。一些精巧的软件包也可以在优化投资组合、选择资金管理人、个股选择、建立资产配置模型和精准分析风险等方面帮助你或者你的顾问。

管理工作

切实地了解自己的专业知识以及有多少时间可以投入积极的投资管理中去是非常重要的。例如，如果你的家庭或工作责任对你的时间有大量的、不可预测的需求，你应该限制自己在投资管理中的参与程度。

在这种情况下，"分层"也是适用的。作为刺激脑力的手段或者一种业余爱好，很多人将整个投资组合中相对较小的一部分分离出来直接关注，而将剩余部分委托给顾问去管理。

税收递延账户

利用税收递延账户，例如退休计划第二支柱中的企业年金（见第十四章"退休规划和员工福利"），应该是投资上的一个主要考虑。除了缴纳的费用抵税外，这些账户里的投资收入在取出之前都不用缴税，从而账户里的资金能够得到充分的再投资和增长。由于这种税收递延促成的增长，分配投资资产时，通常来讲明智的做法是首先将此类账户所允许的最高投资金额放满。

交易成本

除了投入时间和精力，很多投资交易需要你支付经纪佣金或手续费，而且当你卖掉以前购买的资产时，可能还须缴纳所得税。你应该选择能够避免或者尽量减少交易成本的投资。

但是要注意的是，交易成本对你的投资交易规模是高度敏感的。如果你的投资组合非常大，可能会享有交易费用的批量折扣。与此相反，只涉及相对较小的月度或年度增额的投资项目通常更好，因为这样可以尽量避免交易费用。

经纪人和顾问

有些人雇用一个或多个经纪人作为其投资实施团队的一部分。但是，如果你并不需要经纪人的意见，只需要他们帮忙交易，你应该使用提供折扣的经纪人，他们提供的服务种类稍有限制但是佣金费率有更多优惠。如果你在制定投资决策或执行投资交易的过程中想要或需要更多的援助，也许更合适你的是一个能提供全方位服务的经纪人，如果能找一个独立的财务顾问可能更好。

单独账户投资组合经理

如果你的投资组合足够大，可以选择特定的投资组合经理以获得接触某个特定资产类别的机会，这个类别应该是在做整体投资规划时指定的。

年费一般不超过 1%,外加交易成本。

包管账户

一些大型券商也提供包管账户。这种账户的目的是给予相对较小的投资者机会来接触到成功的单独账户投资组合经理,通常他们的最低账户标准往往也在几百万元人民币之上。相关的投资组合经理管理费、托管费、经纪佣金等被包装成一个单一的收费,往往为 $1.5\%\sim3\%$。

共同基金和交易所交易基金(ETF)

共同基金和 ETF(见本章的后面的进一步陈述)的优势在于,即使很小的投资组合也能由经理人管理。此外,这些基金的费用可能会比直接投资管理费要低(有时低得多,尤其是指数基金和 ETF)。精心挑选的一组共同基金或 ETF 往往提供了一个交易成本低、资产类别多样化、流动性高和记录保存方便的最佳投资组合。

择时

择时有可能是你实际执行投资策略时的最大绊脚石。投资市场有涨有跌,显然,如果有一丝可能的话,在恰到好处的时间购买和出售将是最佳的。由于周期性的投资回报通常是随机的,从而是不可预测的,成功选到最好的一天去买卖的可能性微乎其微。而且要想长远成功,你必须保持这些决定能够持续正确下去。一个很大的错误可能会颠覆之前许多次的成功举措。

鉴于大多数股权投资市场长期向上的倾向,理论和经验都有力地表明:最好的行动是只要有资金就要投资,并且要保持投资策略的一致性,防止投资"在错误时间"的担心和当情况不妙时转换投资策略的诱惑。然而,将资金一次性全部投到有风险的资产中去并一直保持投资,直到有流动性需要而去支付某项花费时才取出,这一提议被很多人认为在心理上难以接受。他们选择循序渐进的方式,化整为零分到每月或每季度来投资。对于许多人来说,分期投资,最终分期取出,是一件自然的事情。因为它反映了可投资资金是如何呈现的(例如,每月或每年收益的净现金流),或如何最终被消耗的(从投资组合基金定期取款用于生活费)。除了这个结构上的需要,或者心理上的便利,大多数人所尝试的最优择时已被证明成功无几,却往往招致非常昂贵的税费和交易成本。

超越基础的技巧

除了设计和实施投资组合的基本要素,大家应该考虑到那些可以用来依据个人情况而定制投资组合的投资途径。

融资融券交易

通过建立一个"融资融券"经纪账户,你可以只用首付就买到投资。首付可以是现金或其他证券。通常情况下,你最初可以借用多达50%的总账户价值(将保证金投资后),或多达100%的融资融券前的账户余额。券商会收取贷款利息。一般来说,这种投资利息可在计算所得税时扣除。作为交换,你把原来的和/或新购置的投资作为贷款的抵押。如果投资价值下降得足够多,为了维持最低的资本要求,你可能需要卖掉一部分持有证券或增加额外的现金("追加保证金")。

如果借入资金的投资回报率超过借款的成本,使用保证金可能大有益处。这非常有可能实现,但只能是长期来看,特别是当回报是权益类时,在保证金利息可以抵扣所得税的情况下尤其如此。

在第十三章"债务管理"中,我们会更详细地描述使用投资杠杆的潜在风险和回报。

集中的股权仓位

高净值人士,特别上市公司高管和企业主,经常面临的一个问题是要管理集中的股权仓位所带来的风险。你当然不能坐视集中股权大跌并且危及你主要的财务目标,这里有几种可用来降低风险敞口的技巧。

- 最简单的一步,你应该考虑直接出售以实现更加多元化(风险较小)的投资。
- 可以考虑将股票或持股权赠予家人或慈善机构以释放其他资源来满足自己的财务需求。
- 使用股票作为抵押借入保证金贷款去投资一个多元化的投资组合。

管理集中股权始终应该是处于对你的资源进行长远分析的背景之下。你的顾问可以至少粗略地量化,你为了实现财务目标所需准备的资本应是多少。即使你只是简单地保持集中的股权,这一点对于了解相关的风险和回报间的权衡关系也至关重要。

具体的投资工具

下面的讨论为许多常见的和一些不常见的投资机会提供了描述性信息。我们将这些投资机会大致按短期波动性、风险性、非流动性逐渐增加的顺序列出如下:

固定收益证券

投资者一般对固定收益证券(债券)的**一部分**回报很了解,并且在投入资金时就相对明确地知道。这部分回报的形式有息票、利息或某种既定的优先红利。围绕这部分回报的一个重要风险是违约风险:息票和/或债券本金是否,何时,和/或有多少会被真正支付? 当该违约风险上升(有些债券发行者没有另一些那样值得信赖),投资者一般要求更高水平的回报,以弥补他们所承担的较大的拿不到报酬的风险。所以同等情况下,你的固定收益投资组合的收益率越高,你所承担的违约风险就越大。

固定收益证券还有一种可能的回报或者损失并不固定,也常常被人忽视:如果证券是在到期前出售,那么它的市场价值可能会发生变化。

这种价值变化可能是由于发行者的信用等级发生了变化。如果市场对发行者及时支付的能力的疑虑增加,该投资工具的价值便会下降,这是当然的。但更典型的是,无论向好还是向坏,变化往往是我们知之甚少的利率风险所带来的后果。

在固定收益工具的有效期内,市场利率的变化对投资工具的市场价值有着不可避免的反效果。面对这种风险,没有所谓的好的债券或者不好的债券。所有债券的价值都将朝着相同方向做出反应。与给定债券的固定票面利息相比,随着市场利率的上升,债券的价值会减小;随着市场利率的下降,债券的价值会增加。利率波动的影响,对低票面利息债券来说更大,并且会随着债券期限的增长而被放大。如果现行利率提高 2 个百分点,其影响对当前票面利息为 4 个百分点的债券来说要比票面利息为 8 个百分点的债券大得多。同样,与 5 年期债券相比,30 年期债券的价格会反映出对利率变化的更大敞口,因为它会在长得多的时间中享有(或遭受)其息票相对于现行市场利率的溢价(或折价)。

你或你的顾问可以通过"到期匹配"来管理利率风险。将固定收益投资的期限与已知的未来资金需求匹配起来,从而抵御短期利率风险,加上相对确定的短期利息回报,这是现有的风险最低的投资策略之一。除非发行者违约,"到期匹配"几乎可以保证你能在特定时间收到预定的款项。当使用政府债券来实施这一策略时,违约风险实际被消除了。当然,这些投资的极度安全性也意味着相较可比的非政府债券,回报会更低。不过,如果投资人在追求近期的、到期匹配的目标时对风险有如此大的偏好,他可能根本就不应该使用固定收益投资。

选择单个债券工具时,评估发行人的信誉和降低价差成本(指你愿意支付的债券价格与卖家要求的价格之间的差额)是关键。一般应集中于短期至中期的债券和很高评级(优良的信誉)的债券,以尽量降低违约和利率风险;当你对风险有偏好及很高容忍度时,应选择回报更高的**权益类**投资机会。

债券共同基金

你可以通过共同基金来投资政府债券和公司债券,但要认识到:即使基金资金仅限于政府债券,由于利率上升造成的损失也可能非常大。债券型基金,其平均期限或多或少是恒定的,通过持有基金直至到期的方式来管理利率风险是行不通的。对单个债券,你可以决定是否挺过价格下跌并且持有债券至到期日。因此,在富有的投资者而言,当拥有大量的短期固定收益类投资时,选择个别债券而非债券基金通常是比较明智的。对于财富较少的个人,在具体公司债券发行者的违约风险存在的情况下,债券共同基金可能是唯一的可以实现广泛多元化的方式。

在任何财富水平上,就持久的固定收益资金配置而言,债券基金可以作为一个不错的选择。这是因为比起个人投资者自己投资,债券基金的基金经理往往可以将票面收入再投资到更高的利率中去,从而提高票面回报。长期来讲,票面回报是债券总回报的主要组成部分。因此,在利率周期的整个过程中,基金经理的再投资优势往往可以抵消大部分的、即使不是全部的由于初始利率上升而导致的价格下降。

权益性证券

国内大型企业的上市股票。因为这个细分市场有较高的市场有效性,在处理这部分股票的部分或全部资产配置时,很多人倾向于使用指数基金、ETF(交易所交易基金)以及被动管理型投资。所以,在这里你应该专注的是降低成本和找到一个连贯的投资过程,以便可靠地提供与该资产类别相应的回报。

规模较小的国内公司的股票。由于这一细分市场资产定价的非有效性较高,采用主动型管理可能更合适。较发达的投资市场中已有的大量数据表明,这里价格(与公司的收入比较)相对较低的股票长期来讲可能表现出尤其强势的回报。

海外股票。根据你的投资组合投向海外股票的程度,你应该首先考虑共同基金或 ETF,因为这些投资工具提供了专业化的选股和分散的风险。如果你的投资组合足够大,你可能需要聘请顾问来协助你选择和托管在中国以外的投资。一些非常富有的投资者雇用主动的投资组合经理管理他们在国际股票上的整个配置。

共同基金

共同基金的交易有两种方式:开放式基金或公开交易(封闭式)基金。开放式基金更为常见,它可以从投资者额外募资来扩大它的资产组合。

相反,封闭式基金的初始资本是发行基金份额募集到的。该基金的份额代表了基金的净资产值按比例分摊,并且像普通股票一样交易。然而,基金的交易价格似乎总是表现出了其代表的资产净值上的折价或溢价。当以折价交易时,该基金可能提供了打折购买资产的机会,以及/或者在折扣消失时资本增值的机会。通常情况下,折扣多少会波动,但仍然是一个近乎永久的特征。溢价购买封闭式基金很少说得通,除非由于某种原因,这是达到基金中某个特定投资标的的唯一渠道。

选择共同基金组合的出发点是：识别基金类型，使之与你的投资规划中具体所需资产类别的风险相匹配。按资产类别和管理模式（即国际、小盘、价值取向等）分类是常用的。不过，你应该认识到，尤其就共同基金而言，资产类别间的界限很少是明确的。许多管理（非指数）基金保留足够的灵活性，以便在它们自己宣称的资产类别取向附近转换侧重点。因此，基金的任何分类不可避免地是某种主观的判断，并会随着时间而变化。

便利和可获得性。共同基金最重要的优点是它们的便利性和易得性。对共同基金的投资可以定期（比如每月）小量进行。有些基金也提供选择，可以将基金收入或资本买卖获得的收益自动重新投入基金中去。因为任何一种投资工具和投资风格都有共同基金作为代表，对照你的投资意向和标准，可以很容易地找到合适的基金。重要的是，除了很富裕的投资者之外，共同基金和 ETF 是投资者仅有的能得到股指表现的投资方法，同时它们也是唯一有效的多元化方法，尤其是在海外市场。因此，在部分，如果不是全部的投资计划中，共同基金或 ETF 是很有吸引力的组件。

费用和佣金。共同基金投资会有一些费用。所有的共同基金都会在一个从"费用全免"到"全额费用"的连续区间里。"费用"（Load）这里是指买卖佣金，它可以是投资金额的 5％或更多。这样，如果你投资 5 万元到一个需要 5％期初佣金的共同基金，你的实际投资将只是 4.75 万元（5 万元减去 2 500 元的费用）。

相反，免佣基金不收买卖佣金，你得把那 5 万元百分之百地进行投资。这些基金通常被基金经理通过直接推销卖给投资大众，或通过第三方的中间人。但这些基金可能有更高的经常性管理费用，因为基金自己要拿出营销和客户服务费用，而不是依靠接受佣金的经纪人来掌管这些初期和经常性的业务。

一个基金的"费率"是众所周知的，一般包括管理费用（从股指基金的小于1‰到多于2‰的专门和海外资金)和行政费用。把这些加起来再除以基金的平均资产价值就得到费用率。但是,费用率经常不包括营销费用、买卖佣金、赎回费和基金操作中的交易费用等。所以,你需要对这些潜在额外费用保持警惕。共同基金的优点是它往往可以廉价地得到,但是永远不会是无偿的。由于投资量大和投资行为持久,有些投资顾问可以在谈判中帮顾客获得远比零售投资者能享有的更好的费率。经常换入、换出共同基金也会对投资者和基金本身带来相当大的支出。

交易所交易基金(ETF)

另一个类似指数的替代投资品是交易所交易基金(ETF)(又称交易型开放式指数基金)。尽管目前在美国等发达市场中,一些较新的 ETF 正在模仿一些积极的管理策略,但是这个快速增长的细分市场中的绝大部分是种类繁多的指数模拟基金。这些基金结合了指数共同基金的广泛多元化与个股的即时市场化。和指数基金类似,ETF 试图复制一些投资指数的表现。第一支 ETF 于 1993 年在美国引入。当时立即引起了争议,因为批评者说得对,ETF 交易的灵活性违背了追求指数战略的主要目的,即依靠长期持有减少交易费用和税费。起初,ETF 主要吸引的是择时交易者和短期交易者。但是,随着产品成熟以及 ETF 发起者之间竞争的加剧,ETF 给长期持有投资者带来的显著优势也逐渐明了。

具体来说,与标准的共同基金相比,ETF 的独特结构可以提供一些费用和税收优惠。ETF 收取的运营费用甚至可以低于"机构(优惠)价的"开放式指数基金。然而与标准的共同基金相比,ETF 最大的优势是它们更多的税率优惠(本节关于税收的描述适用于美国)。标准的开放式基金在应对投资者的赎回要求时会卖出组合中的股票,与此不同的是,ETF 将发行和赎回份额限制在大型金融机构间的大型非现金交易,这些并不是应税交易。这种非现金赎回过程最大限度地减少了由于投资者的交易而造成的基金卖出证券的需要,以及组合应税收益的产生。

即便如此,偶尔由于目标指数本身的构成或权重的变化,所有追求指数策略的基金都必须卖出基金中的一些证券。因此,典型的指数共同基金被迫卖掉也许已存在于投资组合中多年的低价股票,这样有可能造成较大的应纳税资本收益。ETF 利用与机构进行的频繁非现金交易,得以持续减少投资组合中的低成本证券。其结果是,即使当基金中的证券必须出售时,ETF 的应纳税分布仍很低,或者有时并不存在。

然而,和任何证券一样,如果你卖出 ETF 而获利,可能最终还是需要支付税款。不过通常你是可以控制该交易发生的时间的。

比起传统的共同基金,尽管 ETF 的结构提供了更多的真正收益,也有这种可能,就是全天持续交易的能力可能会导致你的买卖价格比份额的真实净资产值(NAV)更高或更低。不过,ETF 的发行者和与之交易相应一篮子证券的大型机构能够从基金净值和市场价值之间即使很小的价格差异中获利,作为这种套利的结果,大多数 ETF 交易非常接近其资产净值。因此,从长期来看,几乎所有 ETF 的跟踪误差都是可以忽略的。所以,一系列的定期交易几乎肯定会消除这种风险。

房地产

投资型房地产。由于房地产是一个典型的低效市场,除了能进行充分多元化的集资安排,你也可以加进个别选择和管理的投资型房地产作为投资策略的一部分。但是要认识到,在房地产投资上,成功不是自动的。它需要仔细地选择,至少需要一定的管理工作,并且通常需要一段时间使机会得以成熟。如果很多人在相同时间和地点跟你有同样的想法,有可能你将不得不持有一个很难卖出的房产。尽管如此,鉴于未来几十年中国将继续经历巨大的城市化进程,如果你享有税收优惠的退休账户足够充裕,将一些房地产投资作为你整体投资组合的一部分可能是合适的。

长期来讲,房地产投资倾向于凭借价格升值而获得丰厚的回报。在像美国这样的发达投资市场,比起很多大市值美股,房地产投资平均下来并没有达到相应的回报,但少得不是很多。

不过,一个问题是很难找到**平均的**房地产。特定的房地产价格波动会受政府监管、相邻房产用途改变、商业环境、现行利率、当地经济健康程度等该房产所独有的因素影响。因此,房地产是低效率市场的一个典型例子。此外,房地产一般流动性很低。在最好的情况下,你决定出售和获得款项之间相隔可能至少几个星期。同时一般来说,你必须出售作为一个整体的房产,而不是几小部分来满足短期现金流的需求。

最后,你还必须认识到,房地产投资通常涉及一些在其他投资中完全不存在或要少得多的成本。这些费用包括评估、法律及其他专业费用、保险、各种税费、维护费、安全费,以及往往相当可观的销售佣金。即使房地产投资产生租金或其他收入,负现金流还是会经常发生。很多时候,人们仅仅将初始购买价格与最终销售价格比较,而没有将这些后续成本因素考虑进去。完全考虑进去后,看上去似乎很赚钱的投资,实际上可能只有微利甚至亏损。

不管怎样,多元化的房地产可以是一项非常有吸引力的投资,无论是因为它的直接回报潜力还是作为投资组合中风险分散化的工具。如果涉及海外资产,它也可以带来其他个人和投资准入的好处。

所有制形式。你可以作为唯一业主而拥有一个房地产投资,如小型商业地产或可出租住宅。然而,需要大量资金承诺的投资往往由一组投资者以某种联合形式出资:一种合伙人形式。这种投资中,有些大到可以在投资市场上公开交易。一些共同基金全部或部分集中在这些联合房地产投资中,它们既可以提供大得多的流动性,又能使具体的财产风险更加分散化。

个人选择的住宅房地产。如果你不打算使用类似合伙人制或共同基金的集资型投资工具,而是选择直接投资房地产,对典型的、非房地产专业人士而言,个人选择的住宅房地产可能是最有吸引力的投资机会。小单位(住宅、公寓等)通常在时间和管理工作上需要大量付出,因而有时候最好由一小批投资者管理,或由家庭成员中有足够时间和能力的个人来直接管理房产。最起码,你应该准备聘请当地的物业经理来处理每天的房产管理需求,除非房产在你的居住地,并且你自己愿意而且能够承担这些责任。

商用房产。较大的住宅、工业或商业地产项目很可能需要较高的管理和维护成本,投资成功与否在很大程度上取决于占用率。综合管理能力是至关重要的。可靠的租金收入预期和严密的支出控制通常是取得成功的关键。除非你非常富有,要投资这一类地产项目,某种形式的联合投资载体肯定是必要的。

未开垦过的土地。未开垦过的土地通常是一种高度投机型的房地产,为了获得丰厚收益,可能需要长期持有。成功的土地投机在很大程度上依赖于政府的决策和政府是否按照长久前的决策运行。除非你有充裕的时间,可以容忍低流动性,有显著的专业知识进行初评,并能持续驾驭你的投入,未开垦过的土地很少是合适的投资机会。

私募股权

除非投资于自己的事业,在这里你可能没有选择,只能依赖于投资经理的过往能力来提供有吸引力、高回报的商业机会,这些通常是被动投资市场所不能提供的机会。这些私募股权投资的机会往往具有高度的非流动性,最低投资额度巨大,而且往往经过相当长的时间才得以实现。因此,只有在你已经建立了由较小风险和较大流动性的投资组成的大额投资组合后,才能考虑这一类投资。即使这样,仍要仔细考虑投资经理的行业专业知识,尤其是其管理业务的真实能力。

不过,私募股权投资可以为你提供追求高风险和高潜在收益的机会。

因为通常涉及非常大额的投资,这些机会通常被设置为合作伙伴关系,聚集了众多投资者的投资付出。其中任何一个投资者的最低投资额度要求可能都高于 100 万元人民币。所以,如果你有相当多的富余资本,特别是如果你正在尝试用较少的剩余资源完成优先级较低的目标,这些集资工具是很好的选择。顾名思义,私募股权所尝试的投资通常包括不涉及上市企业证券的各种机会。而在中国和世界各地,未上市的大大小小的企业数量是巨大的。

私募股权投资可以在企业发展的各个阶段进行。风险投资公司向创业公司提供资金和管理资源。另一些公司通过购买上市公司而将其私有化,并提供管理协助,使他们更有效率。

从历史上看,私募股权投资倾向于产生优异的回报。然而,这些丰厚的回报是以相当大的波动性和非常有限的流动性为代价的。你必须准备好付出资本 5～7 年时间,并且必须拥有充足的流动资金来应对可能产生的资本追加要求。因此,只有当你已经有了一个相当大的多元化投资组合、偏好风险并有能力承担风险,又对流动性需求较低的情况下,私募股权投资才真正适合。

其他"真实的"资产:艺术、古董和葡萄酒

许多人收藏艺术品和古董,不是为了投资,而是为了自己个人赏玩。大多数人应该适可而止。为了**投资**的目的而收藏是一个流行的想法,但很少人能成功地付诸实践。它需要非常小心地选择,并受时尚的快速变化影响。只有非常富有的人才能买得起有升值潜力的收藏品,并且要考虑到持续的策展、存储和安全成本。最后,通过经纪人或拍卖行销售的实际成本可能会非常高。即使是富有的人,在艺术上"投资"往往只是一个实现虚荣心或是向其他有钱人炫富的途径。艺术品的财务回报很少能比得上现有的其他投资选择。

投资葡萄酒也一样，只是现在在中国某些精英圈子时兴。除了上述考虑之外，还要加上适当储存的重要性：如果没有合适地储存的话，它的质地会变糟甚至腐烂。对于几乎所有的人，与收集葡萄酒作为一种投资资产相比，享受它是一个好得多的使用富余资金的方式。

大宗商品和贵金属

大宗商品指的是一大类的商品，包括能源有关的商品（尤其是原油），农产品（小麦、玉米），工业金属（铝、铜）和贵金属（金、银）。由于在全球商业周期中这些商品以复杂多样的方式参与，直接投资它们所得的回报形式与其他标准投资模式有着明显不同。越来越多的证据表明，投资一篮子多元化的商品或它们的期货合约是一个具有不错回报潜力的分散风险的有力工具。虽然大宗商品单独来看很不稳定，但它们与股票、债券、房地产等低（甚至负）相关。因此，将这类商品加到你的金融资产组合中可能会降低整体投资组合的波动性。

但是，这些投资不应占到整体投资组合的很大部分。在不超过一个总投资组合中的 5％ 的情况下，你就可能实现它们分散风险的全部好处。此外，为了实现众多不同商品**之间**合适的多元化和管理涉及的实体物流，你可能不得不依赖那些专注于期货合约的共同基金来实现这些机会。你当然不希望实际拥有这些商品，即使是贵重金属，如硬币或金条，因为涉及明显的存储和安全问题。

需要注意的是，投资于生产或经销这些大宗商品公司的证券并不能提供和直接投资这些商品一样的风险分散优势。

对冲基金

"对冲基金"早已在美国和其他发达市场流行了，在中国市场也开始出现。即使这些投资策略和工具已在中国市场更加广泛普及，你仍然应该谨慎地接近这个机会,同时由于最低投资限额需要大量的资金,只有非常富有的人才能接触到。此外,在该领域中有一个至关重要的方面:仔细挑选基金管理者。不同于传统资产类别中相对较窄的业绩范围,最成功的和最不成功的对冲基金经理人之间的回报差异是巨大的。

对冲基金,有时也被称为"绝对回报基金",是集结了几个(有时很多)参与者的投资载体,其中对冲基金经理可以自由地在各个市场中运营和使用各种做多(拥有投资)或做空(卖出借入的投资)风险敞口的策略,以及不同程度的投资杠杆。通常情况下,对冲基金的特点是:非常有限的公众透明度,非常高的最低投资额,非常可观的基金经理业绩激励费(收益的20%是常见的),外加显著的持续管理费(2%是常见的)。通常情况下,这位对冲基金经理会持有显著的基金个人股份。如果没有的话,作为一个完全被动的投资者,你怎么会决定投资呢?

对冲基金的吸引力在于,无论整体市场走势的方向(顾名思义叫"绝对收益")如何,它们都有赚取可观回报的潜力;由于历史上与传统的资产类别之间很低的相关性,它们具有分散风险的优势。

虽然对冲基金在投资组合中能够起到重要作用,但它们还是包括一系列复杂的策略,打包在各种各样的投资工具里,并包含众多的投资风险。传统的资产类别(股票、债券、房地产)是任何组合的适当基础,加入多元化的对冲基金能使富有的投资者改善整体的、风险调整后的投资组合业绩。因为可能涉及显著的风险,它们或许不应该成为非常保守的投资组合的一部分;同时因为在强势上行的市场中,它们的业绩不如全股票投资组合,它们也不是理想的高风险/高回报的目标组合。对冲基金最适用的投资组合是以限制风险为主的中档表现为目标。在这样的组合中,将投资总额的10%～25%分给对冲基金可能是合适的。

多元化的对冲基金母基金

大多数对冲基金经理只关注许多潜在战略中的一个而且通常要求较

高的最低投资。因此，试图建立独立的多元化投资组合的对冲基金可能需要数百万元人民币的投资。此外，由于单个基金经理在选择投资中要求有较大余地，任何一个经理的风险可能是相当大的。事实上，经理风险是对冲基金投资者面临的最显著风险之一。因此，即使是富有的国人也可能会希望通过**母基金**的方式投资对冲基金：一种将总投资分散到一些不同管理者和投资战略的对冲基金的组合投资工具。这些母基金不仅提供在这个资产类别中相对成本较低的多元化投资，提供了在经理人的选择和投资组合构建方面的专业知识，有时还优先接触到对新的大小投资者封闭的对冲基金经理。

母基金通常寻求将互补风格、技术和对冲策略的管理者结合起来创建一个能产生一个相对稳定的收益流的投资工具，并有相当的市场下降趋势保护。很多母基金不仅能实施跨策略多元化，而且能在同样的策略中做跨经理的多元化。当然，母基金的好处不是免费的。典型的附加费用范围是每年 1%～2%，可能还涉及适量的奖励费。

尽管有这种附加费用，对投资金额低于 2 500 万元，甚或低于 5 000 万元的投资人来说，母基金是唯一审慎的接触对冲基金的方式。即使你的投资组合策略要求分配更多资本给对冲基金，母基金的其他好处通常超出了对费用的考量。

第十三章
债务管理

简 介

在大多数人的个人理财规划中,债务是最常见的元素之一,也是最管理不善的典型。

债务,诸如住房的按揭贷款或者个人的消费信贷,可能是出于实际需要,或者是为了方便起见。这些手段在个人财务生活的早期阶段尤其适用。良好的管理在这里只须遵循一些一般规则,这些规则相对比较简单:

我们应该选择市面上可以找到的最低利率；注意不要借太多，以免我们的现金流不能保证按时还款。我们的自我利益和贷方的利益应该结合起来，从而确保上述规则得以遵守。

对于一些人来说，债务在财富管理中有更高深的用途，这时候债务往往是为了拓展机会，而不是满足需要。这时候债务管理的规则又有了深一层的意义。通常可以利用保证金杠杆借贷，或者刻意保持比较大的住房按揭贷款额度，以便有更多的总资产来投资。

高净值、高收入个人的债务管理和财务资源较少的个人有所不同，他们的财务管理可能涉及获得和保持合适水平的机会债务。策略性地利用债务有许多方式，比如，利用借贷对企业融资，使用长期的保证金贷款，或使用只付利息的按揭贷款。这样可以腾出更多的资金，并在一个全面的理财规划的框架内，为富裕人士提供最大化净回报和最小化总成本的机会。

资本借入方当然希望获得的回报大于他们支付给贷方的本金和利息。总的来说，随着时间的推移，他们做得到；否则，人们就没有动力去借贷和投资，反而只想去放贷，这是一个不可能持久存在的情况。借款人，作为一个非常大的群体，会比贷款人赚取更高的回报率。这是因为相对于资本贷方，他们把借贷资本投资到风险较高（相应回报也较高）的机会中去。当然，这一规律只有把许多借款人放在一起长远考虑的时候才成立。这是因为并非所有的投资都是成功的，总会有一些借款人违约。

换句话说，从长期来看，总体上股权投资必须跑赢用来获取它们的债务。如果你有承受短期风险的能力，而且能够使你的杠杆投资的标的充分多样化，杠杆的好处是非常可观的。

消费信贷

使用消费信贷,无论是通过信用卡或贷款,目前在中国还不像在大多数高度发达的经济体中那样普遍。这一现象很可能改变,因为事实上中国人正变得更加富裕,而且中国经济正从出口导向转型为一个更由国内消费导向的经济。在你的个人财富管理中,虽然使用消费信贷有时可以起到积极的作用,但是误用和滥用的诱惑也同时存在。我们必须明白消费信贷的成本是什么,如何控制它,以及如何明智地使用它。

使用消费信贷的优势

使用消费信贷的主要优点是,它使我们能够用未来的收入换得当前的满足感。我们可以获取需要大量现金支出的商品,比如一辆新车,并在使用这些商品的过程中分期支付。即使我们有购买该商品所需的现金,如果使用信用卡,我们就用不着消耗储蓄或者影响投资账户。即便是一些很有钱的人也觉得,比起偿还贷款,补充积蓄更需要自律。能够获得信贷额度也可以在财政紧张时提供一个短期的解决方案。

使用消费信贷的劣势

虽然信贷有它的好处,但大家也不能忽视其缺点。获得当下满足而牺牲未来的现金流有可能会导致超支。如果一个人无法偿还所需的分期付款,可能会导致财物被强制收回或破产;即使没那么严重,难堪或者颜面扫地的滋味也不好受。

最重要的是,使用消费信贷不是免费的。借来的钱的利息费用可能使你买的商品或服务的最终成本显著增加。

因此,当你考虑增加消费者债务时,问一问下列问题:

- 以当前的满足(购买)来交换未来的收入(偿债)有多大的必要?
- 用未来的现金流来偿还债务,你有多大的把握?
- 你有没有一个紧急的流动性储备,能够以防万一的横祸、失业或残疾,使你仍然可以按时偿还债务?
- 用以偿还债务的资金是否有其他更好的投资用途?(详见以下关于债务偿还的讨论)

　　总之,消费信贷可以是一个为你理财的好帮手。然而,这个好处的代价又可能非常昂贵,而且如果没有控制得当,它会导致严重的财务困难。

消费信贷的典型来源

　　银行和许多综合性的金融服务公司是消费信贷的常见来源,并提供几乎所有可以想象得到的贷款类型,包括个人贷款、汽车贷款、教育贷款、抵押贷款和信用卡。

　　寿险的现金价值也是一种信贷来源。借用退保现金值的优点是借来的金额并不需要被偿还,而且利率计提可以说是相当低的。正如我们在"风险管理"这一章中将要讨论到的,对寿险保单的退保现值进行借贷可以提供一个投资杠杆的机会。例如,如果你不再有人寿保险的需要,借出保险的现金价值并且只是积累应付利息可能会比直接退出人寿保险更好。

贷款的种类

无担保贷款

　　无担保贷款的发放没有抵押、质押,一般是按照你当前的支付能力和你的信用分数来发放。无担保贷款的常见类型包括：

- 个人贷款
- 教育贷款
- 大学生创业贷款
- 家装贷款
- 自动透支
- 信贷额度
- 银行和零售商信用卡

有担保贷款

有担保贷款是由你承诺的资产（抵押物）作为抵押获得的。如果你不支付贷款，债权人可以拿走你已经承诺的抵押物。跟无担保贷款比起来，有担保贷款一般比较便宜并更容易获得，担保贷款的一些常见的类型有：

- 汽车贷款
- 按揭贷款
- 房屋抵押贷款
- 保证金贷款

保证金贷款

保证金贷款是一个简便的获得现金的途径，以购买更多的证券或者资助其他的目标。

具体可以借出的额度占证券的百分比有多少，则会根据法律规定、所用证券类型以及经纪公司的政策而不同。我们将不同类型证券的一些常见的借出百分比列于下表中。例如，该表显示，你可以缴纳 100 万元（市场价值）人民币的公司债券，然后借 70 万元人民币。另一方面，你只需缴纳 30 万元人民币的现金，便可以购买 100 万元人民币的公司债券，差额由贷款补足。

各种证券类型的保证金贷款价值占比示例

证券类型	保证金贷款占初始证券价值的％
企业债券	70
普通股/共同基金	50

初次购买之后，证券商可以允许你账户的净值（总价值减去保证金贷款）下降到更低的百分比。举例来说，这种"维持保证金"可以低至持有的典型的普通股票或共同基金的 35％。

让保证金贷款有吸引力的是其相对较低的利率，事实上，利息通常只是累积算作对投资担保的额外债务。只要保持账户中的权益不低于所规定的临界值，就一般不需要缴纳利息。

杠杆投资的收益和成本

一个好的理财规划中最困难的方面就是如何有效地利用投资杠杆——用借来的钱来部分融资、购买投资品。这些借贷的资金比例越高，你的杠杆位置越高；高杠杆带来更大的潜在机会……当然，随之而来的是更大的风险。

与普遍的误解不同，如何为一项投资融资，是否只用你的自有现金，或者用现金和借入资金的组合，不会也不能影响投资的绝对表现。一项 10 万元的投资，回报率为 4％，无论你如何为这项投资融资，税前的投资回报将是一年4 000元。受到融资方式影响的是你的净资产回报,即你自己投入的这部分资金的回报。通过适当的投资杠杆,你可以实现比投资名义上的回报率高得多的净资产收益率。

成功使用杠杆的关键是,投资借贷的利率能够低于所要投资项目的收益率。比如,以5%的利率借款去投资一个预期回报10%的项目。

当投资的税后收益率超过了相关借贷的税后成本,投资杠杆可以提高你的净资产收益率。因此,是否利用投资杠杆,将最终取决于你能否准确地评估这项投资可能产生的回报。谨记,使用杠杆会增加投资相关的整体风险,因为投资收益率的任何下降会带来你的净资产收益率的更大的下降。

有效利用投资杠杆所涉及的规划可能相当复杂。你必须清楚地了解你的净资产的机会成本以及所得税的影响,才能做出一个明智的决定。

净资产的机会成本

让你可以用100%的借款来进行投资的机会也许有,却几乎不存在。在大多数情况下,你需要贡献出自己净资产的一部分到投资总价中,才能借到余下所需的资金。例如,在购买房地产时,你一般都需要提交最低金额或总价款的一定百分比。然后,余额你可以选择继续用自己的净资产融资或使用借来的资金。

要确定贡献多少自己的净资产(与借多少相比),你必须明白的是,使用你的净资产不是免费的。当你自己的净资产用于投资时,会招致"机会成本"。这个成本是你的净资产通过现成的、风险相对较低的投资可以获得的税后收益。换句话说,机会成本是你的(扣除任何适用的所得税的)未来收入,你放弃了这些收入,因为你为了投资别的项目而将资金从一些当前的实际投资或者一些现成的低风险的投资机会中提取了出来。

于是,问题就变成了你是否应该向自己"借"——也就是说,以你的机会成本(回报)率,使用你的自有净资产——或者以常规渠道的利息率从它们那儿借到资金。如果你有较高的风险承受能力和长期、耐心的时间框架,那么你自己的净资产的机会成本可能会比贷款方收取的利率要高得多。例如,如果你习惯于耐心地投资于一个广泛多元化的投资组合,你有信心它在很长时间的回报达到10%或者更高,你可以认为你的机会成本是10%的回报预期。也许,贷款人仅以7%的利息就提供贷款。如果是这样的话,你应该尽可能少地从自己借款,而尽可能多地从这些传统的来源借款。

但是不管是从自己或从别的地方借款,无论如何,税后的预期收益仍然需要比借款的成本更大,无论是从自己或从别的地方借款。投资的预期收益仅仅大于向外借贷的成本,这是不够的。如果收益率并不比你的机会成本率大,这就不是你应该追求的投资。相反,你应向传统的贷款人借款,并把那些借来的资金投资到你自己的机会中去。

换句话说,在任何情况下,你所要尝试的应该是,投资的总回报要大于投资所需资金总额(净资产和借贷)的成本。如果你将融资总成本中最便宜的组件最大化,那么最终的结果会更好。

无风险借贷与风险投资的比较

你的评估不能停留在债务成本与回报的比较上。你必须设法估计任何利差的确定性及其相关的风险。作为一般建议,确定无疑的是借债一定要还。一个人只要不破产,总会在某个时间点被要求偿还债务。相比之下,投资却总是有一定风险的。

显然,量化投资风险是相当困难的。无论如何,你应该有足够的把握,投资回报(从而,投资回报和债务成本之间的净优势)有很大的概率会真正实现。

投资杠杆的原则

我们总结如下三条原则：

- 投资的回报必须超过杠杆的成本。
- 投资的风险考虑在内之后，有利的价差必须仍然有利。
- 根据自有资金的相对机会成本和杠杆的直接成本，适当地配置杠杆和自有资金，可以让总成本最小化（而净回报最大化）。

商贸借贷利息

在个人所得税报税时，用在商业贸易中的借债的利息可以完全从个人所得中扣除。

作为一种投资方式而减少现有债务

有时，减少债务可能带来最好的投资机会。偿还自己的债务始终是我们应该考虑的投资选择之一。

因为，作为一个实际问题，债务最终必须偿还，偿还债务提供了几乎是无风险的额外的好处。因此，如果一项待选投资的回报比削减债务所带来的回报还小，你应该拒绝该项投资，而去偿还目前的债务。

综上所述，在做出未来投资决策的时候，千万不要忽视一个有可能最好的一个投资机会：现有债务的偿还。

长期投资者的保证金贷款

保证金贷款是一个合理的,并且风险比较适度的用来提高证券组合回报的手段。从长期平均来看,有节制地使用的保证金可以实现更大,也许是比保证金贷款的成本大得多的回报,尤其是当长期投资回报的适用税率较低时。

使用保证金会增大波动性,并增加下行的风险。然而,如果你是一个长期投资者,通过利用保证金杠杆,很可能会获得一个更大的回报。如果你可以预期到,保证金贷款的成本和分散的股票投资组合的平均回报两者之间 3% 的利差会持续下去,那么每增加 10 万元保证金贷款,每年应产生的净优势大约有 3 000 元。

在你经济上负担得起和心理上也承受得起的水平上,你应该考虑保持一定的保证金债务。例如,为了保持短期的下行风险在可容忍的范围内,你可以将保证金杠杆的金额定在不超过保证金贷款所用投资组合 1/4 的规模。即使法律允许最初借款可以达到一个股票投资组合价值的 50%,自我设定 25% 的限制可以避免追加保证金或在市场跌幅高达 50% 时被迫卖出你的证券。不过对于一个广泛多元化的投资组合来说,如此之大的下降幅度是不太可能的。

第十四章
退休规划和员工福利

简 介

在大多数人的理财规划中,最重要的方面之一就是规划一个舒适的退休生活。在忙碌的职业生涯后,有足够的财力(收入和资产)能够在晚年舒适地生活,这通常是每个人都有的两三个最重要的目标之一。对于许多人来说,这个目标是位列第一的。

早些时候,国人能够直接依靠政府或国有企业(SOE's)在职业生涯中提供就业岗位、各种健康和安全福利,还能够通过几乎全民参与的养老制度获得一定程度的终身财务保障。近些年来,随着中国经济发展程度的进步,这个"铁饭碗"制度正处在一个持续转型的过程中。正如其他经济已发达国家的人民一样,中国人也需要为规划自己的退休生活承担越来越大的责任。大多数家庭中非常高的储蓄率可能正是由这种意识推动的,或者至少有部分原因如此。

当前这种转型状态难以精确地描述,因为它仍在快速变化之中而且情况可能千差万别。退休条件的性质和它们的供给水平取决于用人单位的性质[政府自身、国有企业,还是民营企业(POE's)]和地理位置,各省之间和城乡之间都有明显差异。在形成覆盖全国所有劳动者的标准的退休供给方案之前,这种转型可能还要持续数年(2020年是最近的既定目标),甚或更长的时间。而且,与其他发达国家类似,供给的标准与退休前收入水平相比很可能是相对温和的。要在退休时保持一个舒适的生活方式,在上述退休供给基础上,个人的储蓄和投资可能是很有必要的。

因而此时,认识到下列三个关键的结论是非常重要的:

1. 如果你有机会向你的雇主所资助的退休计划自主、自愿地缴费的话,你应在计划许可下尽可能多地缴纳。在同等风险水平下,这项计划的税收优势(缴费部分免税而且这项计划的累计收益在到退休发放之前都是免税的)可能超过你能找到的任何其他投资机会。

2. 当你可以对自己的退休计划账户做出投资选择时,你应该将这些投资作为自己整体投资战略的一个组成部分,正如我们在第十一章"投资规划"中所描述的那样。许多人都犯的一个错误是将这些为退休做的积累与他们的投资组合的其他部分脱离来看。就像在第一章和第五章讨论心理账户时提到过的,人们经常受这个行为偏误所累,由于退休账户看起来的投资期很长,人们往往对其重视不够,因而没有将这部分投资的风险和回报的特征同其他更近期的项目一起考虑。然而,对大多数人来说,退休账户通常是其投资组合中最重要的部分。这些投资项目指向期限很长、为退休提供支持的目标,而且这些投资是逐步实现的,可能需要很多年。因此,很有可能单单是**时间**就可以弱化投资策略的一些短期波动。所以,就像在第五章中提到的,如果你能克服短视的损失厌恶的影响,在这些投资选择中也许可以承受得起更多的风险,并且追求更高的投资回报。

3. 无论如何,你应该认识到这些雇主资助的退休方案仅仅是整个退休计划拼图的一部分。你可能需要自行补充拼图的其他碎片。这些碎片的大小和形状将取决于你计划何时从忙碌的职业生涯退休以及你想要多少钱以供花费。以这些目标为指南,你的财务顾问可以帮助你一起确定现在和退休前的这些年你需要多少额外的储蓄,以及你需要寻求什么样的投资回报率才有可能实现你的退休目标。和发达国家的大多数人一样,中国人将来也需要"自我管理"退休这一长期财务需求。主要由于下面三点,这种对"自力更生"的需要只会**增加**,而不会减少:

• 中国人口总体上步入老龄化;

• 由于施行了几十年的"独生子女"政策,传统观念上依靠家庭中的年轻人养老不再可行;

• 现有制度正在转型(例如,提高退休年龄常常被建议作为部分方案来解决退休收入供给的足够性和现有制度的可持续性问题)。

为了理解主要靠自力更生的退休供给所依赖的基础,下面是现行制度的一个简单摘要。

三大支柱

中国最基本的退休计划涉及三个层次或"支柱"。

支柱 1

首先，抑或最基本的支柱，是一个约定的福利计划，该计划包含两部分。第一部分是雇主强制缴费，15 年工龄的退休目标收入大约能替代退休前月收入的 35％。实际上，这些"缴费"被转换成了政府的基本义务。第二部分是雇员强制缴费，目标是替代退休前收入的 24％。这些费用在税前扣除（以免个人被征两道税），同时最终领取的养老金也不扣税。然而，个人在这里没有投资的选择。目前这些资金投资限于银行存款和国债。高收入雇员的目标替代率很少实现，因为它们是基于一个地区的平均收入，而这个平均收入是基于雇主自报的盈利水平得出的，所以可能被人为地压低。这些被低估的盈利水平可能是为了规避税收（强制缴费）。缴费必须缴足 15 年，这样才能拿到目标福利；对于缴费不足 15 年的，福利将被削减；对于缴费超过 15 年的员工，会获得额外的福利积累。

支柱 1 的核心是政府设立的"现收现付"的养老体系，其资金来源于雇主雇员的税收（强制缴费）。它为其受益者提供了适度的免税退休收入。作为一个有目的性的再分配系统，高收入群体通过基于薪酬计算的强制缴费补贴了低收入群体，从而使得每个人都能获得基于当地平均工资水平的福利。由于缴费的强制性，加上福利计算根据的当地的平均工资水平，除了满足目标退休收入之外，你唯一能做的就是计算退休以后还需要多少**额外资源**才能满足你的退休需要。在规定的 15 年缴费年限之外以及一般退休年龄之后的工作（从而继续缴费）会造成高收入群体的收益递减，所以单单获得更高的支柱 1 福利这一因素,并不能促使雇员在达到受益资格年龄后继续工作。

支柱 2

第二个支柱是由雇主建立的固定缴费计划,接受雇主和雇员的自愿缴费,通常被称为企业年金(EA)或自愿的职业养老金。这种方式在 2004 年被引入,还没有广泛应用。有一个关键问题是很多雇主并不愿意建立这项计划,因为支柱 1 计划已经给他们造成了很大的压力。此外,投资选择并不像很多参与者期望的那样灵活。只有不到 30% 的资金可投资于股票或证券投资基金,而且只有中国的投资公司可以参与。向上述计划缴费是免税的,且中期收益也是免税的,在资金最后分配给账户持有人时才征收所得税。这些税收优惠使它们成为积攒退休资源的非常有力的工具。因此,虽然投资选择有限,但是只要能参与,这些计划总归是一个很好的策略。同时,缴费限额可能很高:由雇主和雇员的共同缴费形成的缴费额,最高可达到上一年月平均工资的两倍。

支柱 3

第三支柱是完全**自愿的个人退休账户**计划。目前,这项计划不享受任何税收优惠。在计算个人所得税时,缴费部分也不免税,同时,该项计划内的收入及最终的收益分配也不免税。因此,参与一个支柱 3 项目计划还是将储蓄投资于证券组合取决于投资选择范围的大小、投资决策的灵活性以及计划所提供的分配方案。如果该计划提供有吸引力的投资选择、合理的灵活性和良好的分配方案,你可以在投资该项计划的同时将额外的资金投资到自选的证券组合中。

计算退休资金总体需求是你的财务顾问工作的一部分,他会帮你在支柱 2 和支柱 3 这两项自愿性计划中做出正确的选择,同时也会帮助你在完全采用个人投资组合与在这些自愿性计划之外增加个人投资两种途径中做出好的决定。

退休年龄

正常的退休年龄是男性 60 周岁,女性 55 周岁。与大多数经济发达国家相比,这一退休年龄较低,同时会给制度的可持续性造成困境。因此,随着退休制度的不断发展,退休年龄会相应地提高。这个预期会以两种方式对你的决定产生重要的影响。

第一,较长的工作生涯会缩短退休时间,从而既为就业期内储蓄提供机会,又为个人投资选择提供了更大的风险容忍度,因为实现投资结果的时效变长了。

第二,因为这些更多储蓄和更激进投资的机会,以及退休后较短年限的财富需要,你可以为退休后规划一个更高的生活水平。当然,这也需要一定的付出,即你必须在领取退休福利之前额外工作一段时间。

分配方案

在退休时,支柱 1 的福利开始支付每月的养老金,如果个人在领取至少 139 个月(11 年 7 个月)的养老金之前去世了,则剩余收益会一次性计算并支付给个人指定的受益人。因此,正如在第十六章会更充分讨论的,作为遗产分配总体规划的一部分,为身后遗属(们)的计划是需要仔细考虑的。

支柱 2 和支柱 3 的福利可一次性支付,也可作为退休年金进行支付。

哪种选择更好取决于如下几点因素：

> • 在计算年金时该基金所假定的投资回报率。投资回报率越低，一次
> 性支付价值越高。你的顾问可以帮助你确定假定的回报率，如果你
> 通过用一次性支付资金去投资所获得的投资回报总额远大于隐含的
> 回报率，你可能会发现一次性支付的选择更具吸引力。
> • 保险精算中的预期寿命在这些方案中的计算假定。如果个人的预期
> 寿命比所假设的平均预期寿命还要长，你会发现年金支付更具有吸
> 引力。
> • 退休时的其他可用资金。如果退休时你有其他年金形式的收入，可
> 能更加倾向于一次性支付；相反，如你其他资金的大部分面临投资风
> 险，作为平衡，年金的安全性就显得非常有价值。

对多数人而言，实现两种选择的优势是一个明智的选择。因此，如果
计划条款允许的话，一部分福利进行一次性支付，另一部分福利进行年金
形式支付，有助于平衡风险。

转移选项

在支柱 2 计划下，如果新雇主有类似计划，个人自愿性账户可转移到
新雇主那里；否则，个人账户基金仍然在前任雇主计划下。同样，根据该计
划条款，雇主缴费也可被转移到新雇主计划下。目前，雇员退休前并没有
这一"服务"可供选择，资金要么留在前任雇主计划下，要么转移到新任雇
主计划下。然而，如果个人从中国移民到国外，个人账户资金可以一次性
支付。如果个人去世了，个人账户基金将作为遗产一次性支付给受益人。

支柱 3 计划是你的退休个人账户计划，由第三方提供，而不是由你的

雇主提供。账户可随你转移。

其他保障和累积福利

除了这些退休计划外，许多企业也提供人寿保险、医疗保险、工伤保险，这些将在第十五章关于保险的题材中详细描述。此外，员工也会参与保障生育及购买首套房的公积金计划。这些基金的收益是免税的。

退休计划中所涉及的通胀及投资策略

衡量你未来生活费用可能的上涨是退休计划的重要组成部分。你的顾问会帮助你将反映预期消费模式变化的增长率因素计入其中。因为晚年可能不那么"活跃"，你可以计划较少的开销。又或，退休后的最初几年你可以计划比较多的开销，因为退休后你有更多的闲暇时间去旅行和追求爱好。最后，通货膨胀也有重要的影响，而且历史上只有支柱 1 的福利会顺应通货膨胀而增加。

因此，你和你的顾问必须明白，退休支出目标并不仅仅是**明天为今天**的生活方式埋单；相反更切实的是，你的支出目标应该与未来同期消费者生活方式中对货物和服务的需求紧密相连。于是随着时间的推移，需要测量保持相对生活水平（与同期消费者相当的生活方式）所需的成本。由于消费者的替换、技术的改进（没有人能在 10 年前买到智能手机）、时尚的变化（你的朋友可能到时更加喜欢去欧洲旅游，而不再有兴趣去香港旅游），人们的生活方式也会随之变化。

没有人能预测未来什么会成为你同辈生活方式中"不可或缺的一部

分",这些东西现在可能还不存在。所以,你规划的关键是要能够供给成就未来几十年舒适生活的必需品。未来的成本和通货膨胀与现期生活成本的改变之间可能会有一个大的脱节。如果未来成本能反映创新和质量提高的影响,相较于单纯的通货膨胀而言,它的影响很有可能更大,当然也许更小。因此,为了能够支付未来的生活成本,你应该宁愿选择"谨慎"也不要冒险犯错。具有讽刺意味的是,这种谨慎意味着你应将你的投资集中在投资回报率较高(同时风险较大)的股权投资方面。这样,总体上随着时间的推移,创新和质量提高获得了回报,带来了更高的投资回报,也许大到更能确保有足够的资金来支付未来同期生活成本潜在的、较大的变化。

从另一种角度来看,应该认识到你的整体花费目标可以用来阐明你的投资组合策略。风险与回报之间的关系可以表述为风险投资和消费能力之间的关系。更多的消费欲望意味着更大的必要风险;风险承受能力越差,消费支出就可能越少。对很多人而言,投资回报仅仅是一个理论性概念。对每个人来说,消费支出却是实实在在的。你对风险的承受力,甚至是对风险的偏好变得真实而持久,因为它直接与你的消费意愿相关。

第十五章
风险管理

简 介

财富管理的最重要的方面之一是管理你所面临的诸多风险。

保险的形式有许多种：人寿、残障、健康、房主、汽车以及其他各种财产和责任险种。但是，这些领域的第一原则，尤其是对富人而言，是让你"自我保险"的机会。不使用保险,以你现有的收入和资产,你能承担起风险(残障、财产损失、责任等)并实现自己的目标吗？ 如果和大多数人一样,你的答案是"不",那么使用各类保险是一种必然。对于非常富有的人,答案有时候是"是",这时保险的成本可以规避。另外,即使是资源比较有限的个人,有时也可以逐渐不再需要购买保险来保护自己。

人寿保险:多少才算足够?

人寿保险是各种形式的保险中独一无二的,它涉及一个没有"风险"的结局:死亡是必然的。相反,这里的风险是,在财力还不足以实现个人目标的时候,死亡可能来临了。人寿保险可以帮你实现的目标基本上有两种类型:或者给本来非流动性的资产提供流动性,使之能更方便地分配给你的身后受益者以及/或者支持你的遗属。遗产的流动性问题会在后面的"遗产规划"章节进行讨论。本章的重点是寿险目标的第二个类型,也是一个常见得多的需求——保护遗属。

资本充足度或需求分析

"经验法则"有时也用来描述一个人的寿险需求。例如,对于单收入来源的家庭,10 倍于年薪是一个经常使用的"法则",其他的法则将保险的具体金额与你的婚姻状况和家属人数——无论是孩子还是双亲——联系起来。这种做法可能会产生误导,你应该避免它们,取而代之应采用更加严格和现实的方法,将当下和未来财务状况的主要动因考虑进去。这种方法叫作决定保险需求的资本充足度分析法或需求分析法。

作为第一步,你需要发展出一套自己的财务优先目标。需要记住的是,你的目标以及你的非保险资源会随时间而改变。因此,确定你的寿险需求是一个动态的过程,需要随时重新评估,尤其是在生活大事件之后(例如,结婚、生育、伤残、离婚和退休)。你最初和最新的分析既要评估所需的寿险额度,也要评估所需的寿险持续时间。如果你和财务顾问从来没有仔细地调查你的资源和需求间的变化关系,有可能在你一生的早期和中期会投保过少(此时资源较少而保险需求较大),而晚期却投保过多(此时资源较多而保险需求较少)。

由于个人死亡的实际时间是不可知的,计划好当前所存在的需求是至关重要的。不过,重要的一点是要认识到随着时间的推移,当前相关的目标可能会实现或者不再相关,而当前不足的资源可能通过各种积累财富的机会而被补足。尤其是对于富裕人士,目前的缺口最终可能不复存在。到那时,你有足够的资源可以"自我保险",而不再需要人寿保险。在确定你可能购买的保险保障的适当形式和持续时间时,对于变化的可能性的这种认识是必不可少的。

量化缺口

对于大多数人来说,一个常见的而且很重要的共同目标是为他们的未亡配偶、子女和其他家属在一段时间内的总体福祉提供支持。就个人而言,量化这一目标的第一步是分析家庭的当前和预计的未来支出,来确定个人的死亡将如何影响家人以及他们在生活方式和生活成本上可能发生的改变。他们的一些日常生活开支可能下降,而其他花费可能会增加,至少在一段过渡期内会如此。对他们未来支出的估计应该考虑到生命周期事件,比如一个孩子长大随之开销也增加,包括他们的教育花费,但之后他们长大成人,得到一份工作,继而离开家。也必须考虑到未亡配偶退休后/晚年的生活及其相关费用,比如较高的医疗费用等。但是,无论今天看来这个需求有多么大,有一天它会不复存在,因为孩子们最终会独立,而未亡配偶也不会永远活着。

你也应该对需要持续供养未亡配偶的时间做出一些合理的假设。其实就其最纯粹的形式而言,在你设定目标的过程中,量化了一个目标和可用资源的差距,寿险就是用来弥补这个缺口的。当人继续活下去的时候,由于个人的资源随着时间的推移可能会**增加**,特别是对人寿保险的总需要量会**下降**,因此在任何一个时间点上,你所需要的人寿保险金额会倾向于减少。下图描述了这个动态过程。

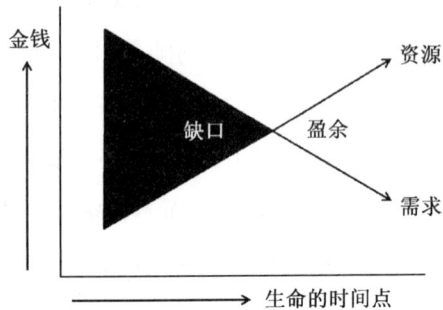

对保险的递减需求

识别和比较可用的资源

在这个需求的背景下,从如下几项中,你应该量化已有的资本资产和遗属以后的其他收入来源:

- 养老金和遗属津贴
- 你身后配偶及其他家庭成员可以提供的收入
- 资本资产(投资组合、不动产等)

当遗属继续拥有工作收入时,一些收入来源本身可能会增加,在一定程度上这可以抵御生活成本上涨的一些影响。而且,资本资产可以既提供收入,又提供本金来满足这个需求。

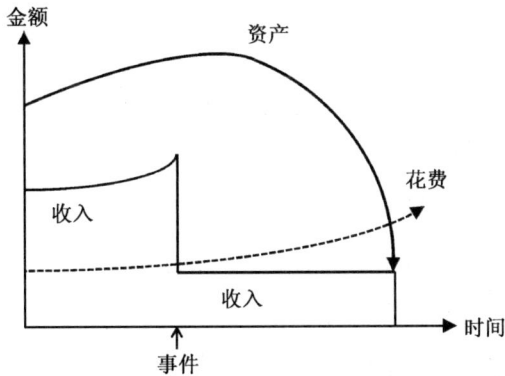

资源随时间的使用方式

以需求为基础的寿险分析的核心在于,将这些流入的收入以及预计从资本资产中取出的本金,和你所确立的支出目标做一个仔细的对比。在做出这样的对比时,你和你的财务顾问可以将你需要补足的净差额换算成一个现值总金额。这个总金额是多少呢,就是如果现在你以合理的回报率将这个总金额投资出去,在规定的期限内它支付的收入和本金应该足以覆盖你原来确立的需要补足的额度。如果上述分析算出来的净额为正,那么这个额度大概就是你可以减少多少保险额,或者你可以增加多少消费目标,或者你可以减少多少投资风险(相应得到较小的预期收益),或者是以上几项的某种组合。

由于遗属有可能要在一定程度上依赖动用资本资源来支持生活开支,最终的问题变成了多少资本是必要的。如果你确定你的收入和资本资源不足以实现当前目标,那么或者你需要购买额外的人寿保险,或者你需要更改或修改自己的目标。在另一个极端,如果你当前的资源实现目标绰绰有余,你可以拓展目标和/或取消一些或全部的现有保险。在非极端的中间情况下,你对遗属的"财务状况分析"可能只会影响你的总体投资项目的一些相关特征。

现实的目标

在这个过程中,为了确保遗属的长期财务"保障",即使是非常富有的人也需要实事求是地评估他们的能力/欲望的边界。如果你在财务上有完善的准备,并积累了大量资产,也许你能毫无问题地为遗属提供终生财务保障。然而,对于一个即使是拥有高收入的年轻人,在职业生涯的早期阶段,要购买足够的人寿保险来为所有的遗属(他们可能很年轻,并且以后会活很多年)提供完备的终生财务保障可能是非常昂贵的。如果你符合这种情况,可以考虑以下做法:

- 你的家人能否在一个更简朴的住所里舒适地生活?
- 你的孩子日后能否通过贷款甚至是兼职的收入来更多地支付他们的教育费用?
- 你的配偶能否赚取比他/她目前更高的收入?
- 你的家庭能否适应更节俭的总体花费水准?

显然,所有这些问题都不易向亲人们开口,更别说回答了。然而,其中任何一个问题的"肯定"回答,都能够大大地减少为了实现你的真正目标——为遗属提供财务保障——所需的资产。

需求的持续时间

要了解你需要某种人寿保险的时间长短,你和你的财务顾问应该将上述分析重复一遍,再一次计算资源和遗属的花费,但这次假设你的寿命增加若干年,也许5年或10年。通常情况下,尤其是对更富裕的人士而言,这增加的几年中所积累的更多的资源,有可能完全省却了在日后那个时间点对保险的需求。

人寿保险的特别注意事项

员工福利

有些用人单位提供团体人寿保险或遗属年金。如果你享有这些福利，它们往往为遗属保障计划搭建了适当甚至厚实的基础。

然而，由于其性质决定，团险通常费率都不太划算，这是因为团险要覆盖每个人，包括那些风险较大的个体。此外，如果你目前依靠雇主提供的保单，也应考虑一旦你的就业状态发生变化所带来的后果。例如，在职业生涯的后期，如果你决定要更换工作或自己创办企业，寿险可能更加昂贵，而且在那个时间点能否获得保险也取决于你当时的实际可保性。此外，即使你现在的雇主提供了划算的团体费率，这些保单也许并不能按照这些费率跟着你转移。由于这些原因，你置办一些自己的"私有"的保险往往是明智的。

当你退休时，通常雇主提供的人寿保险会在相对较短的时间段内结束或迅速下降。当然，在退休时你对保险的需求通常也下降了。

同样，一旦你真正退休，你的雇主赞助的医疗保险保障可能消失或大幅减少，所以你必须考虑到有可能更大的医疗保险或医疗保健本身的花费。

预期寿命之赌

只要现有寿险保单对你财产的流动性或者对你想要给遗属提供的水平来说不再是至关重要时，你可以把保单看作可有可无的——可以单纯作为一项投资。这个时候，如何做决定做涉及你的保险价值（保费成本以及任何累积的现金价值)是否有另一种用途,是否能够超过你的现有保单在生命周期后提供的死亡给付。

例如,假设一个 50 岁的人有一份面值 10 万元的保单,其中当前现金储备为 3 万元,每年的净保费为 1 千元。他的统计预期寿命超过 30 年。如果该保单被取消,那么现在的税后现金价值以及未来不用开支的保费可以税后 5% 的利率投资,税后的投资资金在第 18 年将达到 10 万元。事实上,如果他活 30 年,会累积 19.6 万元;而保单如果被保留下来,其给付不会超过10 万元。

这个赌局的下行风险比它初看上去要小。如果一个人以最惨的方式输掉这个赌局——取消保单的第二天就去世了——他损失的却不是整个保险保障的面值,因为保单里的现金储备还存在。最重要的是,保单的收益对实现你的目标来说是可有可无的,否则,最初你也不会考虑要打这个赌并且取消人寿保单了。

人寿保险的种类

寿险的基本选择有两种,或者是只有死后赔偿;或者是在死后赔偿之外,再提供一定的现金累积。

各类人寿保险的成本都依赖于受保人当年死亡的统计概率:基于个人的人口统计特征和年龄组的死亡率。不管你正在考虑何种保险类型,它的价格是由假定的死亡率加上保险公司的支出和利润决定的。

"纯"死亡保障保险(定期寿险)

这种被称为**定期寿险**的寿险保单,就是简单地在特定的时间段提供死亡赔偿。它是根据个人在此期间死亡的统计风险定价的。成本(保费)是保险公司的管理支出、预期利润的总额,再加上相似的年龄和健康状况的个体的"死亡保障费用"。

当然,因为任何人的死亡保障费用都会随着年龄的增大而增加,所以定期寿险的保费也会如此。然而,为了平滑死亡保障成本上涨的影响,定期保险保单一般会按不同的期间分别承保,并在固定的时间段采用固定保费。5、10 和 15 年期的定期寿险是常见的。即使是 20 或 30 年的保单有时也是存在的。购买固定保费的定期寿险会导致早些年支付更高的保险费来补贴晚些年较低的保费。如果保费的绝对数量很大,这有可能是一个坏的权衡,因为无论如何定期寿险都是不适合长远需求的。

在个人的晚年,或者在任何年龄段,如果身体状况不佳,定期寿险的保费都会高得令人却步。定期寿险非常不适合作为终身保险保障。然而,如果你需要的保险保障将在 15 年甚或 20 年内结束,因为到时境况的变化,或者你有能力在这段时间内积累其他的资产,那么定期寿险通常是非常合适的。

阶梯覆盖:由于对保险保障的需求通常是逐渐减小的,定期寿险的一个变化是创建你个人的递减的定期保险组合,其中的保障水平在你需要保险的期间内逐渐减小。

比方说,假如你今天需要的保险是 150 万元,而这种需求预计将逐渐减弱并在 15 年内完全消失。你可以购买三个独立的 50 万元的定期保险,分别以 5 年、10 年和 15 年为期限。

死亡保险加现金储备

含有现金储备的保单的目的是为了让保单的长期持有人在晚些年,即使是死亡保障费用加价以后,仍然可以负担得起保险。实际上,在最初几年你付出的比死亡保障费用更多(可能多许多),创造了一个现金储备以抵消后面几年的高死亡保障费用。而且,由于附加功能的管理要求,比如提供贷款、管理投资,以及更多地向投保人汇报等,含有现金储备的保单的费用很可能比定期保险的更高。因为很多人在退休时或者更早时候,一般都能够对所需的资源进行"自我保险",你应仔细地评估含有现金储备的保单是否适合你。

如果你拥有定期寿险,而且也能持之以恒地储蓄和投资,通常购买现金储备寿险并不是你的最佳策略。你也许可以满足你的保险需求,并在同一时间追求投资机会,而不需涉及现金积累产品上的管理成本和保险公司的利润。然而,如果恰好相反,你需要以缴纳更多的保险费作为外部约束来确保你投资,并且持续投资下去,那么某种形式的现金积累人寿保险计划可能是最适合你的。

含有现金储备的保单可以包装成多种方式。保险公司通常使用它们自己的术语来描述其关键、共同的特点。下表总结了这些基本结构中最重要的几种。

现金储备寿险保单的常见结构

保单的成分	保单的形式		
	终身寿险	万能寿险	变额寿险
死亡给付	有保证的和固定的	如果需要的话可以选择支付较低的保费或者跳过若干保费支付,使得死亡给付降低	有保证的,有可能增加
投资可控	无	无	保单持有人可以选择某些被管理的投资组合
现金储备	最低回报有保证,根据保险公司的业绩有可能有更好的回报	不一定有保证,基于保险公司的业绩	可变的,依赖于保单持有人选择的投资品的业绩
投资风险	保险公司承担所有的风险	保险公司和保单持有人共同承担,通常有确定的最低信用率	所有的保单持有人共同承担

续表

保单的成分	保单的形式		
	终身寿险	万能寿险	变额寿险
保费	确定的保费	灵活的;可以跳过保费支付来减少死亡给付;即使死亡给付持平,保费可能增加或降低,因为利息和花费直接影响现金储备	保证不会比事先确定的一个假定的最高水平高

终身寿险

终身寿险也被称为传统或直接寿险,终身寿险一般会写明在个人死亡时,或者在某个特定的高龄,一般是 95 岁或 100 岁时应该赔偿的保险金额。投保人将在一生中支付固定的保费。这些支付的保费既购买了风险保障又建立了现金储备。由于保险保单的票面金额是固定的,而你在保单生效期内的累积现金价值是增加的,单纯的风险保障金额也相应减少。因此,你可以将终身寿险计划看作递减的人寿保险和递增的投资基金的组合。

万能寿险

万能寿险保单通常看起来很像终身寿险保单,但其目的是为了更大的灵活性。根据你选择支付的保费金额,死亡给付可能增加或减少。无论如何,存入保单的钱高到足以创造一个现金储备可以抵消不断增加的死亡保障成本,同时还可以创造现金价值。

万能寿险的其他的灵活性特点包括以下内容:

• 你可以跳过某次支付(只要现金储备是大到足以支付那一年的死亡保障费用)。

• 你可以加注额外的存款,这也会增加现金储备。

万能寿险并不是将一个给定的固定保费绑定一个给定的死亡给付。

相反,给付的增加来自于你交的保费和从现金储备中累积的现金;给付的减少包括保险公司的费用和死亡保障费用。当利率或者死亡保障费用变化时,要保持你理想的死亡给付所需的年存款(保费)也将改变。在几年前利率高得多的时候购买了万能寿险保单的人们,如今要面临更高的保费才能保持同等的保障水准。

变额寿险

变额寿险类似于传统的终身寿险,因为它通常具有隐含的确定保费和确定的最低死亡给付。不同之处在于死亡给付可能会增加或减少,但从来不会低于保单的最低票面金额。你可以从一系列的投资选择中选取现金储备应该如何投资。

死亡给付可能超过最低金额多少取决于你选择的投资选项的回报,因为现金储备会根据投资业绩上升或下降。所以,你必须接受一些投资风险。这样一来,购买变额寿险主要成了一个投资决策。如果你需要保险并且保单提供了有吸引力的投资基金,变额寿险保单可以是一个有吸引力的投资工具。然而,如果没有保险保障的需求,变额保单很少会是一项合适的投资工具。

缴清寿险和单保费寿险

缴清寿险和单保费寿险真正提供了一种预付长期保险的方式。缴清寿险通常是作为传统保单中的红利的可选功能提供的。客户也可以用一次性的保费购买少量的附加险。这个保费代表了保险公司的死亡保障成本和费用的现值,减去你的付费所产生的现金储备的预期收益的现值。这是获取保险保障的一个非常昂贵的方法,也许只是在个人的健康状况严重恶化的情况下才适用。

人寿保险的成本

寿险的成本有几个构成部分。正如下表所示,根据购买的保险类型的不同,各个构成部分可能不同。尽管市场的压力通常会导致大多数商品和服务的定价比较有竞争力,但在人寿保险中可能并不如此,这主要是因为产品的复杂性使得大多数消费者甚至很多专业顾问都无法完全了解。另一方面,保险公司有时会提供非常低的定价,来"买"生意——这对一个需要兑现未来赔付的企业来说可能是一个危险的做法。因此,今天"最便宜"的保单并不总是几十年后的最佳选择。

寿险成本的构成

构成部分	"纯"死亡给付保单 (定期保险)	死亡给付加上 现金保单(终身寿险、 万能寿险、变额寿险)
销售佣金	较低	较高
管理费用	较低	较高
退保费用	不适用	适用
贷款利率/现金值保证	不适用	适用
死亡保障费用	相等	相等

简单总结一下,现金寿险比定期寿险成本更高,因为它提供的不仅仅是单纯的死亡给付,具体成本依赖于保单的具体特点。

定期寿险是单纯的死亡给付,其成本随年龄和其他风险因素而不同,比如受保人是吸烟者还是非吸烟者。

评估当前的保险组合

你之前的保险决定,不论在当初你做决定时它们是多么的适当,现在却有可能过时了。与其保留你现在拥有的保险形式,不如看看有可能实现你的目标的更有效的方法。

很多保单可以在它们生效很多年后中止,这样你就可以取回现有的现金积累,并且避免未来的保费。很多保单是动态的,可以很容易地调整,使你拥有保费上更大的灵活性和/或者更高的最终福利。你的保险代理人可以给你提供现有保险保单的选项信息;尤其当你对保险的迫切需求期已经过去的时候,如果你有一个独立的理财顾问,他或她可以提供公正的意见来帮你在这些金融资源里最优地管理具体的理财机会。

保单提供者之间的比较

人寿保险是竞争非常激烈的市场。一旦你和顾问选择了保险的类型和大小,就要在选择提供者的过程中权衡保单、保价和保险公司的信誉。要小心不要从一个有可能付不出保赔的公司买看似便宜的保险产品。可以参考独立信贷评级公司(比如中国诚信信用评级公司等)所收集的保单和保单提供者的评级。如果你雇用顾问的话,要确保顾问不偏向任何保险公司。

其他风险和保险安排

我们在前面提过，人寿保险的独特性在于它提供的保险事件是肯定会发生的——个人生命肯定会有一天终止，问题在于是否有足够的资源提供给身后人。相较其他性质的保险，比如健康、失业、残疾或使退休前不能工作的疾病、房屋或财产被暴风雨、火灾或罪犯破坏等，人寿保险的分析方式有显著不同。在考虑上述类别保险时，主要权衡的一方面是因这些事情发生而带来的损失，另一方面是保费支出和保险赔付等。需要重申的是，一定的保险对于大部分不是超级富裕的人来说都是必需的。有些保险，如车保等是法律规定有车的人必须购买的。购房贷款的贷出方通常也会要求借入方有财产保险才会提供贷款。

有时候，根据工作情况，你会有雇主提供或员工自购的健康和伤残保险，以及一定的失业保险。如果你的雇主不提供或者你认为他们的保险不够，就需要考虑自己购买这些保险。要仔细匹配这些保险所包括的项目和你要承担的风险；而且和人寿保险的情况类似，要仔细权衡保费和保险公司的财务稳定性。

财产和责任保险

一般来说，财产和个人责任保险并不会通过工作获得，所以必须自行购买。这种情况下，你的顾问应该可以帮助你过滤各种选择，选择与你的风险最匹配的保单、保费并考察承保者的财务状况。

第十六章
家庭内外的资产转让及管理

▶ 简介

▶ 遗产规划

▶ 规划夫妻财产

▶ 私人企业的连续性

简介

本章将讨论将资产转让给家庭内外人员的多种方法,以及如何最好地管理这些转让,从而实现自己的目标,并且使馈赠给他人的那部分利益尽可能大。我们首先讨论生前赠予,再讨论身后转移。然后,我们将注意力集中在由于婚姻解体而发生的转让,以及如何做出最好的规划来达到最优的结果。最后,我们围绕私人企业的连续性问题进行讨论。

遗产规划

随着市场经济的发展，国人逐渐积累了可观的资产。与许多发达经济体比起来，生前通过馈赠转移资产或去世后将遗产留给受益者的形式在中国仍然是非常简单的。至少就目前来说，这是有利的。因为一旦你和你的财务顾问确定你有自己用不完的资源，你可以慷慨地将"过剩"的资源馈赠给慈善机构或者你的家人和朋友，而且完成这些转让并不是非常复杂。

在目前的中国税制下，这方面的税务影响很少。正如我们在第十章"个人税务规划"中谈到的，在个人收入税中，某些给慈善机构的转让可以从应税收入中扣除。但是，至少在今天，在通过馈赠或者遗产转移财产的过程中，还没有针对财产**转让方**本身征收的税种。在许多其他国家，针对财产转让所征收的复杂的、沉重的税赋，不仅给这些转移造成了显著的成本，也激发人们为了尽量减少课税创造出很多复杂结构。幸运的是，中国人目前并不承受这些税收负担，可以相对简单地将财产转移给他们的家人。

然而，向非家庭成员的财产转移，或者去世后的遗产由家属、继承人或正式遗嘱指定的受益人之外的人继承，受让方将被征收 20％的财产转让所得税（如第十章所述）。此外，中国税法常常为一般原则，在许多领域没有具体的规定。这可以使得具体征收办法要视具体情况而定，而且各地之间可能有所不同。所以，如果相关的价值很大，而且受让方不是家庭成员时，明智的做法是寻求经验丰富的当地顾问的帮助。

在生前转移资产时，财产受让人将继承这些可能已经升值的财产的基数。也就是说，当受让人之后卖掉财产并支付财产转移税时（见第十章），税额将按照卖出价格和财产转让人最初购买价格之间的差值来计算。通过赠送来转移资产,并不会使被转移的资产在最终出售时逃避纳税义务。

同样的情况也适用于去世之后的财产转移。当财产的新主人日后出售受让资产时,在计算税额时,财产原所有人最初的投资会被考虑在内。

但是,如果财产受让方(如果不是家庭成员,或者不是在你的遗嘱中指定的接收方)在接受转让财产时已被要求按财产价值支付20%的财产转让所得税,那么现在他在这份财产上有一个新的基数,等于他当时缴纳财产转让所得税时的应税财产价值。

这里必须特别谨慎。无偿转让给这类第三方,从本质上会被怀疑成某种变相销售。因此,税务机关可以调查并重新构建交易(甚至很有可能提高交易的有效价格),对财产转让人或受让人双方都征收(20%)所得税。作为转让方,会按一定价值征税;作为受让方,会按无偿转让的财产的价值征税。

身后的资产转移可以采取多种形式,但常用的方法如下:

指定保险受益人:你对人寿保险受益人(或多个受益人)的选择可能是最重要的财务决策之一。很多时候,这些保险收益属于个人财富的最大组成部分,需要认真协调,以确保它们能充分实现你为受益人设定的所有目标。如果你有几个受益人,或者如果这些保险给付额度过大以致指定保险受益人无法妥善地管理,那么只指定单个保险受益人是不合适的。在这种情况下,你应该考虑将保险给付指定成"信托"的形式,下面会详述。

设立遗嘱转让财产:设立一个正式的遗嘱来指定想将财产留给何人是非常重要的。即使对富裕人士,这也往往是一个人们不愿解决的问题。对死亡的恐惧,甚至只是对与死亡相关的东西的讨厌,使得许多人不愿去想谁应该在死后得到什么。这时候财务顾问会很有帮助,他们可以提醒客户这是确保身后亲人得到很好保障的重要方式,而且客户的财产可以在客户自己选择的时间按自己认同的方式得到分配。

如果逝者生前并未设立遗嘱,法律会按照一定的原则将财产在逝者的家庭成员之间分配。例如,配偶、子女(亲生或收养)、父母都获得平等的份额。而且,如果其中一个孩子在逝者的晚年提供了更多的赡养和照顾,他可以诉请较大份额的遗产。但这种分配可能不是逝者真正想要的结果,而且肯定需要时间,并招致受益人想要避免的繁文缛节。

用信托转让:在许多其他国家,特别是英语国家,无论是在个人的有生之年还是去世之后,"信托"是很常见的一种资产转移的管理方式。它们被用来达成对资产转移的时间上的控制,将财产在受益人之间进行等额或不等额的分割,而且,可能最重要的是能将资产交给有能力的一方来照看、管理和投资。"受信任的"一方,"受托人"技术上拥有资产的所有权,但只能为信托受益人的利益来对这些资产进行处理和投资。这些信托受益人是财产的真正拥有者,但是没有(至少目前还没有)对财产的控制权。

目前,国内有一些银行作为受托人,已经提供这样的安排;不过类似安排仍然是罕见的,并且仅适用于非常大的财产。更常见的做法是使用一个非正式的个人受托人。也就是说,赠予人指定一个值得信赖的个人,让他按照赠予人的意愿,为了受益人的利益持有财产。这些职责以具有法律效力的合同的形式写清楚后,受托人就有责任为了受益人的利益在规定的时间按规定的数额分配财产。由于可以制定一个灵活和持续的财富转移、管理和投资方案,并且可以指定多个受益人等好处,不管正式还是非正式的信托,都是总体规划中非常有价值的构成部分,事实上可能是最重要的元素。比如保险收益,还有遗嘱下的资产转移等,都可以采用这种安排形式,从而可以对大部分甚或所有的个人资产进行持续的分配和管理。

规划夫妻财产

这可能是个人理财规划中最困难的领域,因为无论是积极的还是消极的,情绪的影响对于你或者你的配偶来说很可能是非常强烈的。之前在婚姻中和双方原生家庭长期发展得来的关系也不可避免地要受到影响。最重要的是,对于孩子的影响很可能非常显著。对牵涉其中的每个人,这一切都需要对他们之间有潜在冲突甚至是相对立的利益关系进行非常微妙的处理。一个客观的财务顾问在这里可能特别有用,尤其在全面和复杂的财务状况下,律师、评估师及会计师等的工作需要协调的时候,各个当事人雇用自己独立的财务顾问都不为过。

这些夫妻财产安排有可能是你将面对的最重要的财产规划之一,如果没有做对的话,可能给你带来很大的潜在成本。参与试错或事后更正的机会几乎为零。

对于任何婚姻都可能面临的这种困难,你的财务顾问实际上可以帮助你和你的配偶同意达成决议,特别是由于婚姻纠纷中的许多问题是围绕着钱产生的。家庭的资源能达成何种结果,如何安排直接所有权和控制权,以便能最好地达成双方的目标,通过顾问对这些问题的冷静评估,可以拯救许多婚姻。

即使最终的结果是婚姻的解体,一个有能力的顾问可以帮助双方了解他们正在考虑的财产协议的后果。我们在保险规划和退休规划章节中(第十四章和第十五章)讨论过的长期财务预测在这儿会很有用处,它可以使双方对财产分配和赡养费的预期结果感到放心。如果你和配偶就“大局”达成共识,那么许多细节方面就会好商量多了。

税收的影响

和其他情形类似,婚姻财产安排中的税务问题在中国还十分简单。现阶段还有没有特别的规定。支付赡养费的一方不会因付出这部分费用而带来税务上的减免,接受赡养费的一方也不会因得到这部分收入而付税。同样,来自各方之间的财产分割不会产生任何税务影响,除非该交易涉及售卖资产。但是，正如我们下面将看到的，有时可能有必要售卖一些资产以换取金钱来使整个财产分割协议得以落实。在这种情况下，20％的财产转让所得税（参见第十章）可能适用。

可分割和不可分割的资产

首先，你和你的配偶可能需要仔细商定谁最初拥有哪些资产。很多人在年轻的时候走入婚姻，拥有得很少；但后来作为生意或工作的成果，他们在一起积累起资产。如果婚姻后来瓦解，假如没有一个有效的预先安排（见下文关于婚姻协议），双方都可能对已经共同积累的财产宣称"所有权"。这些资产中的一部分很可能是非常难以分割或者几乎不可能分割的，如持有的房地产、私人企业、非流动性投资、艺术品和个人家庭的影响等。这里，为了避免**谁**应该能够保留或得到**什么**之类的分歧争议，对相关价值进行第三方评估通常是一个不可或缺的步骤。有时候，唯一的解决办法是将某个资产整体卖掉，来换取可以分割的金钱，即使这可能会因为金钱收入而导致纳税义务。

此外，一些资产可能有很重要的精神价值，却不容易换得同等价值的金钱或其他流动性资产。确定"优先购买权"或者给出一个有序的交替选择的计划有时可以解决这些难解的分歧。否则，即使是非常和平的分手，资产的最终划分可能也会演变成对金钱上低价值但情感上高价值的物品的"谁胜谁负"的争夺。

婚姻协议

处理离婚的财务问题的复杂性，有时会使夫妻在婚前或婚后某个时候达成一定的协议。这些安排在发达经济体中是相当常见的，在中国也越来越普遍。在决定婚姻中的财产是否要划分、如何划分、如果婚姻最终解体又该怎样划分时，应该考虑签署婚姻协议。

尽管如此,这种协议"保持距离,公事公办"的商业特性与表现婚姻关系真髓的信任和感情往往显得格格不入。可以理解许多夫妻非常不愿考虑这样的协议。仅仅进行这样的谈话好像都会影响到婚姻关系应有的积极情绪。然而,有时候父母都非常坚持,尤其是如果婚姻双方都非常年轻和/或者在财产上有很大的差距。同样,这时候你的财务顾问可以提供有价值的、客观的指导,可以帮助你事先就把细节厘清,而不会让你和你的婚姻伴侣仅仅只是假设双方有共同的期望。

要使这些协议得到执行,重要的是确保双方都能够充分获得所有相关的信息。如果一个人试图隐藏他的资产价值或形式的真实范围,就不能指望他的婚姻伴侣受到不知情协议的约束。如果涉及显著的财富,这时较高的花费也是合理的,通常比较好的做法是双方请不同的律师做代表来签订协议。

这些协议的一个共同特点是渐进性,随着婚后时间的推移或者孩子的出生而逐渐积累对财产的所有权。此外,有时双方中较富有的一方最初会给较不富有的一方转赠部分财产来展示对婚姻成功的真诚、善意的期望,而不必暴露资产余额,使之成为万一美满婚姻愿望破灭时的索赔目标。最后,有些协议有一个"日落"规定:双方事先同意,过若干年后,该协议就到此为止,双方同意此后不论命运如何,有福同享,有难同当。在初次组建家庭的年轻夫妇风险较高的婚期之初,这种有着终止计划的协议可解决他们的家族对此的担心。为了真正帮助你和婚姻伴侣克服双方签署财务协议时情感上的障碍,这不失为一个好方法。这也提醒你,当时间和环境改变而使原协议背后的动机发生改变时,你总是可以做出新的协议或中止旧的协议。

私人企业的连续性

这个议题可以说是个人财务规划和一般商业规划的相遇点。要使相遇成功，而非变成破坏性地相撞，可以说非常复杂。或者是在一开始，或者一路走来，你可能需要决定什么是你的主要动机。你的公司是否主要是一个价值来源，能够在合适的价格与合适的时间转化为流动财富来支持你的生活方式或者馈赠给你的家人或慈善机构。或者，你的企业反映的是你的身份，你想在未来将它无限期地保留下去。

通常情况下，答案是两者兼有。因此，重要的是要知道，各类私营企业中其实只有一小部分能够生存到一年。类似地，即使在经济发达国家，很少有民营企业能够生存超过两代以上。鉴于中国私人财富的新兴特点，目前还没有证据表明，中国企业可持续的长远前景会比其他国家和地区的类似企业更加成功。在中国，没有任何赠予税或遗产税确实提供了一个优势，但有限的家庭规模呈现了相反的负面力量。在家庭中找到合适的继承者能将企业做下去，这个可能性降低了。而且在任何情况下，使这种企业延续成功的关键在于找到有愿望、有才智、有能力将企业延续下去的继任管理者。他有可能是一位现任配偶，或者一位未来伴侣，或者一位家族成员。不仅仅是家族，企业的每一个关键组成部分，客户、员工、供应商，都必须考虑到。

所有权与管理权

第一代企业家常犯的一个错误是未能将企业的管理权从所有权中分离出来。如果你已经从无到有创立了一个成功的企业，很自然你会假设企业的所有者和管理者的角色在你身上融合在一起，就像你自己一直以来都这么做的一样。你也许希望为你的家人持续提供企业所带来的经济上的好处。这也许需要你将公司的管理任务交给家族以外的人士，并将你的精力集中到生意传承方面，比如明确的决定权和业绩奖励。

这并不是说你不能两者兼得，但你必须建立不同于企业管理权的明晰的产权规定，承认奖励可以来自于两个特点：(1)价值分红和股价的升值；(2)给管理者的工资、奖金以及利润共享。如果给管理者的奖励使得留给业主的回报过少，考虑到他们所拥有的另外的经济机会，业主将面临卖掉企业或者改善企业回报的选择。当然，这种改善可能涉及管理者的变化。当管理者是业主的家族成员时，显著的不和谐可能会出现。面对这些复杂性和风险，发达经济体中的许多企业主承认自己的生命有限，并且意识到他们在培养管理人才方面的现实的限制，最终因为简单性和灵活性选择了直接出售自己一手打造的的企业。

税收的影响

我们在第十章中讨论过，卖掉企业需要缴 20% 的财产转移税，然而如果将企业作为礼物或遗产赠给家庭成员，则没有应税义务。当然，这样可以激励企业主竭尽全力在家族内部培养合适的接班人。如果企业足够大和持久，足以成为一个上市实体，还有进一步的选择。既然出售投资组合类的金融资产(例如上市公司股票)不用缴税，出售企业也可完全免税。然而，即使是非常大的民营企业，将其转换为一个上市企业也并非是一件简单的事情，而且其中最重要的特征之一是必须有非常可靠的管理接班人，这样才能给现在的上市股票持有者持续地提供有吸引力的投资回报。只有极少数的企业会有这种从私有到上市的选择。

买/卖和操作协议

对于你选择要保持下去的企业，更有可能的情形是你将与合作伙伴和接班人达成协议,规定各方之间应有怎样的权利和义务。这些协议应该明确你想怎么分享管理权、所有权和继承权,也许还应列出指定股权的"优先"买家的相关条款,他们应该享有拒绝并给出匹配最优出价的权利。

如果企业合伙人的去世引发一定的股权买卖交易,常规的做法是由相关的人寿保险来负责这一部分交易,支付给企业实体本身或者直接支付给为该项股权交易付费的第三方。

这些交易具体按什么价值来进行,可以根据企业当前或最近的历史收入或利润,使用预先同意的公式计算价格。这样的公式处理法在较为发达的经济体中的民营企业中非常普遍。但是,企业当前的评估价可能为交易估值提供了更好的基础。即使是采用公式处理法,定期评估通常还有助于继续试验和改进公式的结果,或是修正公式本身。

第十七章
跨境规划

▶ 为何要跨境投资?

▶ 如何投资?

▶ 如何选择投资?

▶ 投资最终结果去向何处?

为何要跨境投资?

正如我们在讨论投资的章节中(第十一、十二、十三章)所谈到的,成功投资的根本在于分散风险。要最大限度地提高风险调整后的投资回报,拓宽投资的风险敞口是关键。通过将资金投到多种投资机会中去,你可以预期在保持潜在投资回报的情况下,降低投资组合的整体风险。分散风险不仅取决于投资的是什么,是债券、股票或者房地产;同样取决于投资到哪去。因此,为了更好地实现分散风险这个好处,许多中国的财富新精英们正在寻求跨境投资,即在中国以外的机会。中国招商银行和贝恩公司 2015年对中国高净值人士的调查表明,中国人选择投资国外的首要动因是分散风险。投资的优先选择地点包括中国香港、美国、澳大利亚、加拿大、新加坡、英国和卢森堡。

但是,一个地域上更分散的投资组合架构不仅仅具有理论上的好处。跨境投资还可以帮助投资人接触到那些在中国还不存在的投资和商业机会,比如直接投资一个位于澳大利亚的消费品公司,或者一间位于美国的私人服务公司,或是一家位于伦敦的餐厅。根据中国招商银行和贝恩公司的报告,获得这类机会以及扩大现有的海外业务是中国人跨境投资第二个最常见的原因。此外,跨境投资可以减少只局限于和中国投资机构交易而带来的风险;由于任何组织自身都有遇到困难的可能性,适当和中国境内无法接触到的机构建立关系应该是明智的。

货币风险也是需要考虑的因素。许多人认为随着时间的推移,相对其他货币,人民币很有可能会随着中国经济的持续增长而更加升值,也有许多人认为人民币既然进入了国际货币基金组织(IMF)的特别提款权(SDR)篮子,很有可能在某一天成为重要的国际储备货币。然而,要使长期财富达到最优,仅依靠人民币未必是最佳途径。一般来说,一些直接或间接的货币对冲是明智的,这也是发达国家中个人投资组合的一个基本特征。最后,政府政策总归有变化的可能性,所以在政府鼓励的情况下(见下面的评论)利用跨境机遇,需要非常慎重。

中国的高净值人士,尤其是超高净值人群(净值超过1亿元人民币),选择跨境投资的第三个重要原因是便于他们选择住所移民并到其他国家居住。当然,其他国家的移民政策对这些决定是至关重要的。在高净值人群中[1],最受欢迎的移民目的地是美国和加拿大,其次是澳大利亚和新西兰。而对于大众富裕阶层[2],澳大利亚和新西兰最受欢迎,紧接着像是北美和欧洲,中国香港、中国澳门、中国台湾等亚洲国家或地区也是很受欢迎的

---

[1]　参见胡润百富2014年发布的移民与中国高净值人群报告《Immigration and the Chinese HNWI》。

[2]　参见福布斯中文版和宜信财富发布的《2015中国大众富裕阶层财富白皮书》。

居住目的地。

如何投资？

目前中国的跨境投资机会分为下面几个层次：

基本机会

这是 2007 年启动的一个项目，每人每年在当地银行现金账户可以最多兑换 5 万美元（以当前汇率计算约为 30 万元）到外国银行账户的收件人账户。平均来说，过去的几年中，每年大约有 600 亿美元[①]由中国个人转入海外账户。虽然这里面有部分资金可能是学生学费和旅游费用，但大部分资金可能是为某些未来花费目标而做出的跨境理财安排。通常资金必须是从中国的银行账户转移到在外国司法管辖区下的银行账户。一旦资金到达外国司法管辖区，你可以按照当地规则允许的任何方式使用那些资金。要利用这个机会，你的理财顾问应该熟悉中国本土的要求；并且在资金到达国外银行账户后，能够帮你了解任何可能的限制条件。

QDII

在合格境内**机构**投资者（Qualified Domestic Institutional Investors，QDII）项目下，机构（银行、券商等）可以在中国建立海外投资基金提供国际性的优化投资组合。中国人可以用人民币或者其他货币来投资这些基金（如果该基金允许以其他货币认购），通常没有什么限制，但是这些资金从来没有离开中国。如果你是使用人民币通过这个项目投资，除了投资标的本身货币的影响，你做出的投资是以人民币来计算业绩的。例如，如果某

---

① 根据国家外汇管理局 2010～2015 年的数据测算。

投资标的是一个长期的英国债券，英国的长期利率下降从而增加了该长期债券的价值，英国的短期利率增加导致英镑对人民币升值，这时你以人民币衡量的投资就会获利两次；反之亦然。许多人认为，当政府进一步允许自由兑换时，人民币相对其他的重要货币有可能贬值；因此，持有以这些外币作为回报单位的资产，然后在你的账户里换成更多的人民币，这一点将会是非常有吸引力的。

QDLP

合格境内有限合伙人（Qualified Domestic Limited Partners，QDLP）项目，于2012年率先在上海推出，陆续又有若干城市推行了这一计划。在该项目下，地方政府允许海外对冲基金和投资管理人设立基金来满足中国投资的需求，但是托管方仍然必须是中国国内的实体。最低起投额度通常高达到500万到1 000万元人民币，不过投资的范围一般比QDII计划所允许的更加广泛。

QDIE

合格境内投资者境外投资试点（Qualified Domestic Investment Enterprise，QDIE）项目，目前仅由深圳市于2014年底在当地推出，其目的是为了进一步拓宽中国投资者投资海外的渠道。在该项目下，最低起投额度仅为200万元人民币，而且投资的范围非常广泛，除了传统的金融资产之外，还包括实物资产、房地产和私募股权投资等。

QDII(2)

合格境内个人投资者［Qualified Domestic Individual Investors，QDII(2)］项目，会在试点城市适时推出。尽管这个计划的全部细节还没有得到充分说明，我们可以预期的是，在这个项目下"合格"的富裕中国人有机会将超过基本机会中的 5 万美元标准以上的资金转到中国境外。你必须有至少 100 万元人民币的流动性资产，才能成为"合格"投资者①。然后，你可以在任何一年内将你的流动财富的一半财富转到境外。按理说，100 万元人民币的要求应该每年都适用；举例来说，如果你起初拥有 200 万元人民币，你可以第一年转移 100 万元，第二年转移 50 万元，但随后你将不再具有合格投资人资格来做更多的转移，不过你仍然可以使用前面提到的基本机会。

该项目会率先在六个城市(上海、温州、武汉、天津、深圳、重庆)开放，以便该项目的进展能得到密切观察。实际上你可能并不需要是这些城市的居民，而只是需要在这些城市之一拥有银行账户。你的财务顾问可以帮你处理与合格账户建立相关的事务性工作。此外，该项目预计将有一个整体的上限，具体多少还有待国家政策出台。当政府评估项目的效果后，还有可能实施其他的限制或要求。因此，如果你符合条件，当项目实施时就及时参与可能是明智的。

交易所"互联互通"

成立于 2014 年底的"沪港通"允许资产超过 50 万元的中国公民在上海证券交易所直接购买香港交易所的上市股票。"沪港通"对个人购买量并没有限制；但是如果有必要，也许会在全国的总交易量上有限制。同样，深圳和香港交易所的互通项目也会适时推出。这两个通道是在基本机会和QDII(2)以外独立运行的。

---

① 如果允许资产 100 万元以上的个人将 50％的资产投资到境外，新政策相当于给了一个 41 万亿元的个人投资总配额，考虑已有境外资产配置，则对应约 25 万亿元的配额空间。即使在个人跨境投资受管制的情况下，中国高净值人群的境外资产配置已经较为普遍。根据招商银行 2014 年的财富报告，高净值人群所持境外资产已占其可投资资产总额的 20％。

如何选择投资？

正如前面关于投资的章节中谈到的，对中国人来说，国内投资机会的范围已经非常广。对于那些把资金转移到外国司法管辖区的人来说，投资范围会受当地司法管辖区通常适用的投资机会的限制。如上所述，中国人跨境投资的关键原因之一是得以接触到中国不存在（至少不是直接存在）的机会。投资于境外私有企业（私募股权投资）明显是只有跨境才能实现的机会，中国人境外投资的资金大多数是投向常规的、向大众开放的类别。根据中国招商银行与贝恩公司 2015 年的报告，股票占境外投资资金的 29％，固定收益和现金占 27％，房地产占 24％，结构性产品及对冲基金各占 8％。

基于当地的惯例和监管，每一种投资类别都有自身的一套要求和成本。举例来说，房地产，不论在哪里，无论是在采购和销售上，往往涉及显著的交易成本（地方契税的费用、产权保障费用、专项转移税、经纪人佣金等）。

此外，你在外国司法管辖区的投资有可能导致你必须在该国缴纳一定的收入税或资本利得税。例如，如果你在美国做生意，你的净收入将和美国人适用同样的税率。而在美国获得投资收益的"非居民外国人"通常是按 30％的比率预提扣税。由于中国与美国签订的税收协定，代扣税率降低到了 10％，而且在美国已缴的税还可以抵扣适用于中国的税收。一般情况下，对于非居民外国人，出售投资组合资产，如股票、债券或共同基金等而获得的收入，是不必缴纳资本利得税的；但投资的损失也无法和其他形式的收入抵消而降低税收。但是根据一项特别的美国法律，在美国卖掉房产而获得的收入，在美国必须缴纳资本利得税，而且税率比中国税法规定适

用的 20％税率可能更高。因此,税收抵免可能不能完全抵扣你从美国实际
征缴的税。此外,在投资人亡故之后,对上述某些大型免税金额不动产资
产,你可能会被征收美国遗产税(税率高达 40％),即使不居住在美国。

当然,这些规则因国而异。而且,根据境外国家自身的收入需要或者
当地的对外资投资的政策变化,这些规则有可能出现突然的变化。举例来
说,在新加坡,非居民在出租和利息上的收入需要缴纳 20％的统一税率,但
是源自新加坡公司的红利收入是免税的,而且由于售卖财产包括房地产而
得来的收入是免税的。然而,新加坡有着较高的**年度**房地产税,税额是根
据该房产的出租价值决定的(即使屋主的自住房,税额仍按这种方式计
算)。而且这些年度房地产税无法抵扣你适用于中国的税收。在澳大利
亚,非居民需要就红利、利息和租金收入缴税,税率有可能高达 45％,但是
当非居民售出股票或基金的时候,并不需要缴纳资本利得税。然而,卖出
房地产是需要缴税的,在房地产出售的资本利得税计算时可以享有 50％的
折扣,从 2012 年 5 月起,非澳大利亚居民不再能够享有居民可以享有的这
一折扣。

以上只是罗列了少数可能出现的复杂的税务情况。你的财务顾问可
以帮你了解有关国家适用的具体规则,这样你至少会更加清楚自己可能面
临的额外的税务和报税风险。

投资最终去向何处?

无论你的跨境投资是否成功,你最终必须决定是否将这些投资回报转
回中国或将其保留在外国司法管辖区内。只要中国还未对你的遗产征税
(无论它们在哪儿),也许你就没有税收上的原因需要将资金带回国内。当
然,就像你的其他资产一样,这部分投资组合也一定要配合你的整体财务

计划。如果你需要这些跨境资金在国内保持舒适生活，那么最终你会将它们转回国内。相反，如果安置境外资金是为了实现你自己或家人暂住或常住海外的目标，那么跨境投资或许就是为了不再将这些资产转回国内。

因此，除了通过更全面的多元化投资组合来提高整体投资业绩之外，安置一些跨境投资能让你财务和人生规划的其他选择保持开放。所以，如果你有这样做的资格和条件，把你的一部分资产投资到中国境外应该是明智的。

结语
我们所需的理财智慧

　　在这本书中,我们尝试着和大家分享我们在对个人进行成功财务规划时的行为和技术层面的专业知识。财富在中国仍是初生的。正如大家在任何新体验中都会经历到的,最开始的行动并不总是精心规划好的,而且可能会有许多错误的起步,以及不愉快的意外和失望。然而,随着时间的推移和经验的积累,人们"吃一堑,长一智",进而做出更合适的规划,并获得更多的智慧。对于中国的新精英们来说尤其如此。人们获得财富的机会如此之近、如此之快,而且对于千百万中国人来说,如此可观,以至于我们没有时间,似乎也没有必要,去了解如何优化和增长那些财富。当然,以后在中国,更广泛地,在全世界还有巨大的机会。获取经验、学习合适的工具和策略,一言以蔽之,获取智慧,会给个人、家庭和社会带来巨大的价值。我们做出更好的财务决定,在更少的总体风险情况下得到更可靠的结果,就能使我们面临更少的焦虑,给我们自己以及身边的亲人带来更多的福利。因为浪费更少,对资源的利用更有效,对公共支持的依赖也更少,整个社会乃至整个世界都会获益。因此,为自己做出明智的财务决定实际上是一种真正意义上的公共服务。

　　为了获得这些智慧,我们希望大家已经了解到每个人都会怎样错误地判断机会,过高地估计自我的能力,更易被最近的经历或几次强烈的体验过度影响。我们很难用长远的眼光去判断时间的影响,而且倾向于将行动分门别类，却意识不到个人理财中的所有点滴都是密切相关的，需要采取综合而全面的行动。相较于享受我们所得到的，我们害怕损失并因此而痛苦。我们总是把成功算成自己的，而把失败归咎于他人。我们有时也会赶时髦，希望成为最新潮的一员，却通常太沉迷于容易和熟知的东西，而不敢接触困难和未知的前沿。有时候，虽然第三方咨询可以提供非常宝贵的专家指引，我们却太信任自己斩获成果的能力。到最后，我们经常是恐惧和贪婪的受害者。因此，一位客观的顾问可以提供冷静的判断来平衡我们情绪化的反应。通过仔细的自我认知、练习以及专家建议的帮助，我们可以克服所有这些障碍而走向成功。

我们也希望大家已经理解了许多在成功之路上将会碰到的复杂的技术性问题。最基本的是，成功的管理财富有赖于对下面几点的清醒认识：通过各种消费目标，明确你到底是为了达成什么目的，你想要/需要多么快地实现它们，应该按照怎样的优先顺序。你需要协调对现金和债务的利用，规避不必要的税收责任，同时根据你确切的回报目标和对风险的承受程度，来确立一个基本投资策略。所有这些特征都是随着你的个人目标和时间框架而定的。没有一种投资策略能够"放之四海而皆准"。但是几乎对于所有人来说，都必须进行广泛的多元化投资（既适用于中国国内，又适用于国际上的储蓄和投资），同时把实施投资的费用控制在较低水平也是非常明智的。此外，将资源移向国外，不管是资助孩子的教育还是购置海外房产，或者只是要找机会直接投资海外，都有可能非常复杂并会受到政府政策变化的影响。

计划一个舒适的退休生活需要的不仅是投资成果，还有在利用与就业相关的退休安排时做出的明智决定。合适的保险覆盖可能是最重要的风险管理方法之一，但是保费也可能是你最大的支出之一。因此，理解这些方面的选择至关重要。在你和配偶之间或者你和商业伙伴之间适当地建立财产安排会有巨大并永久的影响，而这方面的失误会非常昂贵。最后，为你的身后受益人最有效地安排和利用你的资源有可能是一生正确理财决定的大成，不然则会留下一份带有冲突和遗憾的悲伤遗产。

要在理财过程中兼顾所有这些主题，跨越数十年时间，还要克服频繁的非理性行为倾向，这都是非常艰巨、近乎无法克服的挑战。这本书的目的就是给大家提供所需的工具，使你不仅可以克服这些挑战，还可以蓬勃发展，取得比你现在预期——几乎可以肯定比纯靠好运气——所能达到的更大的成功。专业且客观的财务顾问可以在你的理财之路上为你提供专家指导。也许最重要的是，他们可以提供一个冷静的视角来帮你避免一些最危险的糟糕决定。

我能够写成本书,需要向许多人表达由衷的感谢。

我首先要感谢的是遍布美国和世界各地的许多同事和业界同人。在超过 42 年的时间里,通过和他们切磋,我对成功理财规划的理解日益加深,并且收获了不少见解,使我能在这儿和大家分享。

我尤其想要感谢的是在过去十几年中我在中国结识的许多业界朋友。他们在如此之短的时间内能将个人理财规划行业发展得如此之好,我为之感到惊叹。我特别感激国际金融理财标准委员会(中国)的朋友们这些年来给我如此强大的平台,让我可以鼓励合格的财务顾问为改善中国人的生活贡献一己之力。

当然,如果没有我的合著者张蓓博士的鼓励和参与,这本书永远也不会出现。为成熟的中国读者写一本全面的财富管理书,并且在行为经济学的框架下来呈现,这最初是身为行为经济学家的她的想法。在许多方面,我不过是以一个理财事务专家的身份"顺便参与"而已。她是本书中我们合作内容的主要灵感来源。

对我来讲,要尝试就中国的财富管理来写作,为了把握总体,并力求使细节尽可能地相关,我不仅必须将自己的想法由英语翻译成中文,而且必须了解中国的法律、实践和制度安排。我希望自己已经充分地应对了这一挑战。在开展研究和精进理解方面,我得到了很多的帮助:武汉科技大学的税法教授张彦英博士提供了非常好的咨询协助,我亲爱的朋友丁瑶(Sophie Ding)和吴宇翰(Kenneth Wu)也曾助我一臂之力。如果未能准确地把握中国的理财规划环境,或者无法给中国的财富新精英们提供世界级的理财指导,这些疏漏都归因于我个人。

重要的是,我还必须感谢在超过40年间,我有幸服务过的、遍布世界各地的成千上万的客户。他们让我得以累积深厚的学习经验。通过服务他们,我获得的个人及专业满足感是无与伦比的。从许多层面上来讲,这本书正是因为他们才得以存在。

最后,我要感谢我的华裔妻子——黄淑兰(Penelope Wong),感谢她在我完成本书过程中表现出的始终如一的耐心和支持。能将这本关于未来财富成功的指南带回先人的故土,我和她感到非常自豪。

蒂姆·柯祺
(Tim Kochis)
2015 年 11 月

致谢 2

　　我儿时的理想之一是成为一名作家,现在真的写成了一本书。让我"心想事成"的是许许多多我要由衷感谢的人。

　　首先我要感谢的是我在经济与金融学求学、研究、教学与实践道路上遇到的老师、同学、同事、学生以及客户。没有他们,就不可能有现在这本书。特别要感谢的有:邹恒甫先生,他是我在武汉大学的经济学启蒙老师;我的博士生导师,纽约大学的安德鲁·肖特尔(Andrew Schotter)教授,他鼓励我选择感兴趣的课题并且提供了一切可能的支持;上海财经大学经济学院院长田国强教授和常务副院长龚关教授,他们给我提供了宽松、自由的教学与研究环境;加州大学的特伦斯·奥丁(Terrance Odean)教授和上海交通大学上海高级金融学院副院长朱宁教授,他们对中国及全球个人投资者的研究给了我很多启发;加州大学的丹尼尔·弗里德曼(Daniel Friedman)教授,他在我访学期间给了我很多指导和帮助;我在华尔街工作时相识的朋友暨现在牛易财富的创业伙伴,他们的鼓励与鞭策给了我更大的动力;还有我在武汉大学、纽约大学、上海财经大学、加州大学以及旧金山大学相遇的老师、同事和学生们,和他们的交流让我获益良多。

　　我还要感谢我的合著者——蒂姆·柯祺(Tim Kochis)先生,他是美国财富管理界的领军人物,又对中国的理财现状非常了解。我在对行为经济学的研究与教学过程中,以及对亲朋好友投资行为的了解中,常常看到中国投资者在投资中的误区和对理财方法的误解。2014 年 6 月我萌生了为中国读者写一本投资行为与理财指南书的想法，随即向蒂姆表达了合作意向，马上得到了他的响应与支持。从完成提纲到查找资料，到咨询专家，到创作章节，到翻译修改，到现在完稿付印，这其中的每一个环节，我都从蒂姆那里学到了很多。他工作上的细致、耐心、高效与生活中的风趣、幽默、通达，都让我印象深刻。可以说在专业知识、商业领域，以及为人处世的方方面面，他都是我的楷模。正是因为他贡献出了数十年理财专业及生活经验的精华，才使我们有可能为读者带来这本《理财的智慧》。能与他合作完成本书是我的荣幸。

在本书的写作过程中，武汉科技大学的财税专家、旧金山大学的访问学者张彦英教授给我们提供了不可或缺的咨询与帮助。他对国内税法非常熟悉，对美国税制也很了解，他的参与让我们的研究工作顺利了很多。我还要感谢上海财经大学出版社的黄磊总编，他让我这个新作者认识到写书并不是一项不可能的任务；以及张美芳编辑，她高效而细致的工作让本书更加完善。

最后我要感谢我的父母和丈夫，正是由于他们无尽的包容和支持，我才能一直做自己感兴趣的事情；还有我可爱的儿子，他给我的生活带来了无与伦比的欢乐。

张 蓓

2015 年 11 月